Bibliographische Information der Deutschen Bibliothek:
Die Deutsche Bibliothek verzeichnet diese Publikation in der Deutschen Nationalbibliographie; detaillierte bibliographische Daten sind im Internet über http://dnb.ddb.de abrufbar.

Illustriert mit Bildern von Roselinde Dombach
Lektorat: Roselinde Dombach
Herausgeber: Roselinde Dombach

Verlag P.B.
Pia Bächtold
Buchweg 18
88239 Wangen
Tel.: 07522 7075550

Mail: verlagsleitung@verlagpb.de
Homepage: www.verlagpb.de
Forum: www.pia.forendino.de

1.Auflage 2009

ISBN: 978-3-940951-22-9

Vorwort

Auch die Tiere der Märchenwiese brauchen Freunde.
Ein kleiner Wels will nicht alleine spielen, Maikäfer und ein Zitronenfaltermädchen necken gemeinsam den grantigen Maulwurf und das Glühwürmchen rettet die kleine Fee Hanni vor der Spinne.

Aber wird der stachelige Igel einen Freund zum Kuscheln finden?

Werden freundliche Tiere dem Häschen Julischka den Weg nach Hause zeigen?

Das und noch viel mehr, über tierisch gute Freundschaften erzählen in diesem Band, zwölf Autoren aus verschiedenen Ländern. In siebzehn spannenden Abenteuern.

Inhalt

Willibald, der kleine Märchenwiesenfrosch
Pia Bächtold
9
Die Zauberblume
Sarah Stöbe
12
Blinki, das Glühwürmchen
Birgit Kleimaier
17
Ferdinand, der kleine Wels
Vera Klee
27
Das verirrte Häschen
Uschi Hahn
29
Theodor und Jonas – Das Maifest
Klara Alkin
38
Theodor und Jonas –
Die Trompete und der Maulwurf
Klara Alkin
43

Manchmal liegt die Lösung so nah
Astrid Pfister
48
Eine Freundin für Jonathan
Roselinde Dombach
53
Keiner will mit Igeln kuscheln
Thomas Backus
61
Kleine Tiere, große Freundschaft
Birgit Kleimaier
67
Die neuen Abenteuer von Klaus Stubenfliege
Thomas Backus
77
Beinlos glücklich
Saskia V. Burmeister
78
Der Angeberfrosch
Thomas Backus
84
Bienengebrumm
Ina May
87

Not macht erfinderisch
Brigitte Daniel
90
Fridolin – Winter auf der Wiese
Klara Alkin
99

Willibald, der kleine Märchenwiesenfrosch
Pia Bächtold

Es war einmal ein kleiner Frosch namens Willibald, der lebte auf der großen, blumenübersäten Märchenwiese. Irgendwie hatte er vergessen, wohin er gehörte. Deshalb hüpfte und hüpfte er dauernd im Kreis herum und fragte sich immer wieder: „Was fehlt mir?"

Seine Freunde waren mit ihrem Leben sehr zufrieden. Der kleine Maulwurf Fips grub seine Hügel. Der Feuersalamander Kurt wälzte sich im warmen Sand. Das Eichhörnchen Nüssli hüpfte von Baum zu Baum. Alle drei wunderten sich über den kleinen Frosch Willibald, weil der nur im Kreis umher hüpfte. Eines schönen Tages war der kleine Frosch sehr müde und sagte: „Ach, wenn ich doch nur nicht so müde wäre! Ich lege mich nur mal kurz dort an den Stein und ruhe mich etwas aus." So schlief der kleine Willibald drei Tage und drei Nächte durch, ohne zu merken, was um ihn geschah.

Fips, Nüssli und Kurt beratschlagten, was sie für ihren kleinen Freund tun könnten, damit er sich besser fühlte. Fips meinte: „Er braucht eine Froschdame." Nüssli brachte ein: „Er braucht mehr Fliegen zum Fressen." Kurt war fest davon überzeugt, dass der Frosch krank war und zum Doktor musste und so berieten und berieten sie zwei Tage und zwei Nächte lang, ohne eine Antwort zu finden. Herr Dachs kam vorbeigelaufen und hielt inne, als er die drei so reden hörte. „Kann ich Euch helfen?", wollte er fragend wissen. Fips, Nüssli und Kurt erzählten ihm die Geschichte des kleinen Frosches. Herr Dachs kratzte sich am Hinterkopf und überlegte. „Nun, soviel ich weiß, brauchen Frösche Wasser."

Fips, Nüssli und Kurt waren erleichtert. „Dass wir da nicht selbst drauf gekommen sind! Herr Dachs, Sie sind ein Genie, aber woher bekommen wir denn Wasser? Hier auf der Märchenwiese hat es so etwas doch nicht." Herr Dachs schaute die drei Freunde verdutzt an. „Na ihr seid ja lustig, kennt ihr denn euren eigenen Märchenwiesenteich nicht?" Kurt schaute Nüssli an, Nüssli schaute Fips an. „Nein, den kennen wir nicht."
Der Dachs runzelte seine Stirn.

„Nun, ihr geht zwei Fliegenschläge nach Westen und dann drei Mäusesprünge nach Norden und schon seid ihr dort." Die drei waren erleichtert und bedankten sich bei Herrn Dachs. „Nichts zu danken, viel Glück auf eurer Reise", sagte Herr Dachs zu den dreien und ging seines Weges.
Am nächsten Morgen weckten sie den kleinen Frosch Willibald und sagten zu ihm: „Herr Dachs war hier und hat uns gesagt, was dir fehlt. Jetzt müssen wir nur zwei Fliegenschläge nach Westen und dann drei Mäusesprünge nach Norden und schon sind wir dort." Der Frosch schaute seine Freunde verwundert an und sagte: „Na wenn ihr meint, machen wir uns auf den Weg. Ich bin gespannt, was das sein soll. Ich habe mir so lange den Kopf zermartert und bin auf keine Antwort gekommen." Die vier machten sich auf den Weg und tatsächlich, genau so, wie es Herr Dachs beschrieben hatte, war dort der Märchenwiesenteich. „So, Frosch, wir sind da, dort ist das, was dir fehlt." Fips zeigte auf den Teich. „Was ist das, was quakt da so?", wollte Willibald wissen. „Na, das sind Frösche", sagte Nüssli. Der kleine Frosch hüpfte so schnell er konnte zum Teich und sprang hinein, auf einem Seerosenblatt tauchte er wieder auf. „Ach, ist das herrlich, kommt doch auch baden!" Die drei Freunde schauten sich verdutzt an. „Nein, nein, Wasser ist nichts für uns, aber wir kommen dich jeden Tag besuchen."
Der kleine Frosch Willibald war trotzdem glücklich und winkte seinen Freunden zum Abschied zu …

Die Zauberblume
Sarah Stöbe

Auf einer großen, immergrünen Wiese, mitten im Zauberland, blühten das ganze Jahr über die schönsten und buntesten Blumen. Dort lebten alle Tiere friedlich zusammen und jedermann hatte den anderen gern.
So trug es sich zu, dass eines schönen Tages Mimi Marienkäfer und ihre Freunde einen kleinen Spaziergang unternahmen.
Sie gingen vorbei an wunderschönen roten Tulpen, gelben Himmelschlüsselchen und blauen Hyazinthen.
„Seht!", rief da Gilbert Grashüpfer auf einmal. „Seht ihr diese große Blume dort?"
Aufgeregt hüpfte er auf und nieder und zeigte mit seinem langen, grünen Fingerchen auf eine große Blume mit violetten, glitzernden Blütenblättern.
Staunend stellten sich die Freunde davor und betrachteten diese Schönheit.
„Habt ihr jemals solch eine schöne Blume gesehen?", fragte Anne Ameise ehrfürchtig.
Die anderen schüttelten den Kopf. So eine Blume hatten sie hier auf ihrer Wiese noch nie zu Gesicht bekommen.

„Ich will hinauf fliegen und sie mir von nahem anschauen", sagte Mimi Marienkäfer mutig und trat einen Schritt nach vorn. „Ich werde euch erzählen, wie es dort aussieht."
Ihre Freunde wollten noch rufen, sie solle lieber hier unten bleiben, nicht, dass sie noch hinunter falle, doch Mimi war schon hinauf geschwirrt und stand auf dem ersten violetten Blütenblatt.

„Freunde, hier oben ist es herrlich!", rief sie hinunter und lächelte. „Wie schön man von hier den Sonnenuntergang sehen kann. Und wie wunderschön diese Blume doch ist! Sie duftet einmalig."
Anne Ameise, Gilbert Grashüpfer und Manni Mistkäfer tuschelten aufgeregt miteinander. Sollten sie auch hinauf kommen?
Doch gerade, als sie wieder nach oben blickten, glitt Mimi Marienkäfer auf einem Wassertropfen aus und rutschte in den Blütenkelch.
„Hilfe!", rief sie noch, doch da war es schon zu spät.
Erschrocken standen die drei Freunde am Fuße der Blume und starrten mit offenen Mündern zu der Stelle, an der gerade noch ihre Freundin gestanden hatte.
Doch da kam es noch schlimmer. Die Sonne verschwand hinter dem Horizont und Dunkelheit legte sich über die Wiese. Und genau in dem Moment, als der letzte Sonnenstrahl erlosch, schloss die große zauberhafte Blume ihren Kelch.
Traurig und ängstlich saßen die Freunde auf dem Boden und dachten nach.
„Wie können wir Mimi nur helfen?", seufzte Anne Ameise.
Manni Mistkäfer zuckte nur mit den Schultern.
Aber Gilbert Grashüpfer hatte plötzlich eine Idee. „Ich werde hinauf hüpfen und versuchen, die Blätter zu öffnen", verkündete er.
In einem Nu war er aufgesprungen und hüpfte dann von einem Blatt zum nächsten, bis er schließlich bei der glitzernden Krone angekommen war.
Mit aller Kraft, die der kleine Kerl aufbringen konnte, versuchte Gilbert Grashüpfer, seine Freundin zu befreien. Doch es gelang ihm nicht, die Blütenblätter bewegten sich keinen Millimeter.

Traurig kam er wieder zurück und setzte sich.
„Und nun?", fragte Manni Mistkäfer und stützte das Kinn auf die Hände. „Wie sollen wir Mimi nur helfen? Wo wir doch selbst so jung und unerfahren sind."
Doch nun hatte Anne Ameise eine Idee. „Ich werde die Blume kitzeln", sagte sie aufgeregt. „Vielleicht lacht sie dann und öffnet ihren Kelch."
Flink krabbelte Anne Ameise unter eines der grünen Blätter und begann die Blume dort zu kitzeln. Nichts geschah.
Auch sie kehrte erfolglos von der Blume zurück.
„Die Blume schläft so fest, dass sie nicht einmal das Kitzeln bemerkt", erzählte Anne Ameise. „Was nun?"
In diesem Moment kam ein alter Mistkäfer des Weges. Es war der Vater von Manni.
„Na Kinder, spielt ihr schön?", fragte er und lächelte die drei Freunde an.
Doch Manni sprang sofort auf und erzählte seinem Vater, was Mimi Marienkäfer Schreckliches widerfahren war.
„Kannst du uns helfen?", fragte Gilbert Grashüpfer schließlich, doch der alte Mistkäfer lachte nur.
„Ach Kinder, macht euch keine Sorgen. Wartet nur, bis die Sonne aufgeht. Dann wird die Blüte sich wieder öffnen und ihr habt eure Freundin wieder. Schlaft so lange ein wenig."
Mit diesen Worten krabbelte der Mistkäfer von dannen und die Kinder waren wieder allein.
Sie kuschelten sich dicht aneinander, und schon bald waren sie eingeschlafen.

Anne Ameise wurde am nächsten Morgen von dem ersten Sonnenstrahl geweckt, der auf die Wiese fiel. Er kitzelte sie an der Nase und schien mit einer glockenklaren, sanften Stimme „Aufwachen!" zu rufen.

Müde rieb sich Anne die Augen und weckte ihre Freunde. Und dann sahen sie, wie dieser erste Sonnenstrahl weiter wanderte und schließlich auf die große, violette Blume traf.
Diese begann sofort zu glitzern, reckte und streckte sich ausgiebig, und dann öffnete sie ihre Blütenblätter.
Freudig riefen die drei Freunde nach Mimi Marienkäfer und siehe da, sie krabbelte unversehrt aus dem Kelch und rutschte den Stiel hinunter.
„Geht es dir gut?", fragten ihre Freunde sogleich und schlossen sie in die Arme. „Wir haben uns solche Sorgen gemacht!"
Mimi Marienkäfer nickte lächelnd.
„Mimi, weißt du denn jetzt, was für eine Blume das ist?", wollte Gilbert Grashüpfer wissen, und ihre drei Freunde schauten sie neugierig an.
Mimi Marienkäfer nickte stolz. „Sie meinte, sie sei eine Zauberblume", erklärte das Marienkäfermädchen aufgeregt. „Es gibt sie nur ein einziges Mal auf der Welt. Sie hat mir erzählt, sie würde noch eine Weile hier bleiben und dann wieder an einen anderen Ort reisen, um die Bewohner anderer Wiesen ebenso mit ihrem Anblick zu erfreuen wie uns."
Staunend hatten die Freunde zugehört. Nun wollten sie alles wissen, was die Blume Mimi Marienkäfer erzählt hatte.
Auf dem Weg nach Hause erzählte das Marienkäfermädchen also noch mehr von der wundersamen Blume. Auf welchen Wiesen sie bereits gewesen war, wohin sie noch reisen wollte und was für Tiere sie schon getroffen hatte.
Als die Freunde jedoch am nächsten Morgen wiederkamen, um die Zauberblume noch einmal zu besuchen, war sie verschwunden.

Blinki, das Glühwürmchen
Birgit Kleimaier

Auf der großen, bunten Märchenwiese lebte auch ein kleines Glühwürmchen namens Blinki. Am liebsten schwirrte es, sobald es dunkel wurde, mit seinen Freunden über die Wiese. Für kleine Glühwürmchen war es nicht gefährlich, bei Dunkelheit herumzufliegen Es war sogar sehr wichtig, denn nur so konnte sich ihr Licht, bis sie erwachsen waren, voll entfalten. Alle Glühwürmchen, Fliegen, Bienen und Hummeln liebten es, Wettfliegen zu veranstalten, wobei in der Dämmerung immer eines der Glühwürmchen gewann, weil diese einfach besser sehen konnten, wo sie hinflogen und sich darum eher trauten, schnell zu fliegen. Sehr oft war Blinki es, der als erster das Ziel erreichte. An einem wunderschönen, lauen Sommerabend trafen sich die Freunde von der Wiese, um wieder einmal gegeneinander anzutreten und zu sehen, wer diesmal der Schnellste sein würde. Doch mit nur einem Wettfliegen gaben sie sich nicht zufrieden, denn so ein schöner Abend musste ausgenutzt werden, und so flogen sie mehrmals hintereinander um die Wette und immer gewann ein anderer. Über ihre Fliegerei war es langsam dunkel geworden, aber Blinki rief: „Nur noch eines! Lasst uns nur noch einmal fliegen, bevor wir schlafen gehen."

Die anderen stimmten zu. Und so gingen sie an der großen Margarite, von der aus sie immer ihre Wettfliegen starteten, in Position.
Hermann Hummel war schon etwas schlapp von den vorherigen Durchgängen, und so setzte er diesmal aus und gab das Startzeichen für die anderen.

Auf „Los!" brummten und summten sie, so schnell sie konnten, in Richtung des großen Sauerampferblattes, das nicht zu übersehen war und ihnen darum als Ziel diente. Jeder wollte natürlich als Erster da sein, doch Blinki lag um eine Glühwürmchenlänge vor Summsemann Fliege, der mit aller Kraft versuchte, ihn einzuholen.
Es war ein lustiges Bild, wie Blinkis leuchtendes Hinterteil beim Fliegen wackelte. Gerade als das kleine Glühwürmchen nach hinten schaute, wie weit Summsemann noch weg war, kreuzte plötzlich eine kleine, zierliche Fee seine Flugbahn. Blinki sah sie gerade noch aus dem Augenwinkel, riss den Kopf herum und versuchte ihr auszuweichen, was dazu führte, dass er abstürzte. Sein Fall wurde von ein paar Blättern abgefangen und so landete er nicht ganz so hart auf dem Wiesenboden und tat sich dabei zum Glück nur ein kleines bisschen weh.
Die kleine Fee war ebenso erschrocken, hatte sich aber,

völlig starr vor Schreck, gar nicht bewegen können, um ebenfalls ihren Kurs zu ändern. Besorgt kam sie zu Blinki auf den Boden geflattert, in Begleitung all seiner Freunde. Sie standen im Kreis um ihren abgestürzten Kameraden und waren alle sehr erleichtert, als das etwas benommene Glühwürmchen verlauten ließ: „Alles in Ordnung. Mir ist nichts passiert. Das gibt nur ein paar blaue Flecken."
Ein Aufatmen ging durch die Runde und die kleine Fee drängelte sich nach vorne, um sich bei Blinki zu entschuldigen.

„Das tut mir so leid. Und du hast dir wirklich nichts Schlimmeres getan? Es tut mir ehrlich ganz arg leid, ich wollte das nicht, aber ich hab dich irgendwie erst viel zu spät gesehen, weil ich einfach so vor mich hin geträumt habe."
Da musste Blinki schon wieder lachen. „Ist schon in Ordnung, mir geht es wirklich gut. Aber das ist mir echt noch nie passiert, dass man als Glühwürmchen übersehen wird."
Doch wie er das gesagt hatte und wieder aufgestanden war, tippte ihm Summsemann auf die Schulter und meinte: „Apropos Glühwürmchen, was ist denn mit deinem Licht? Das ist nämlich aus." Blinki erschrak zunächst ein wenig, doch dann scherzte er: „Wahrscheinlich ist beim Aufprall auf dem Wiesenboden die Birne kaputt gegangen." Alle begannen zu lachen. Mehrmals wackelte Blinki mit seinem Hinterteil hin und her, um sein Licht wieder zum Brennen zu bekommen, aber so sehr er auch wackelte, es half nichts, sein Licht blieb aus.
Langsam geriet der kleine Nachtschwärmer in Panik, denn es war zwar schon öfter vorgekommen, dass er mit seinen Freunden so wild herumgetollt hatte, dass sein

seinen Freunden so wild herumgetollt hatte, dass sein Licht einen ‚Wackelkontakt' bekommen hatte, wie er es selbst immer nannte. Aber es war immer wieder angegangen, sobald er mit seinem Hinterteil gewackelt hatte. Die kleine Fee erkannte wohl auch den Ernst der Lage und fing zu weinen an.
„Oh je, was hab ich denn nun schon wieder angerichtet? Wegen mir hast du dein Licht verloren. Das darf doch alles nicht wahr sein, ich bin so ein Unglücksrabe!"

Aber Blinki, der einfach keinen weinen sehen konnte, versuchte sich seine Angst nicht anmerken zu lassen, nahm sie in den Arm und tröstete sie: „Das wird schon nicht so schlimm sein, bei Glühwürmchen kommt so etwas eben hin und wieder vor und außerdem hätte ich ja nicht in so einem Affentempo über die Wiese fliegen müssen, und nach hinten geschaut hab ich auch noch, also bin ich irgendwo auch selbst schuld." Es hatte funktioniert, die kleine Fee hörte auf zu schluchzen und sagte: „Danke, du bist so lieb zu mir. Ich heiße übrigens Hanni. Was hältst du davon, wenn wir Freunde werden?" Nachdem sie sich die letzten Tränchen vom Gesicht gewischt hatte, strahlte sie Blinki an. Der nickte nur und meinte: „Aber gerne! Ich hatte noch nie eine richtige Fee zur Freundin. Ich heiße Blinki und das sind Hermann, Summsemann, Honigmäulchen und Strahler, meine Freunde." Alle in der Runde begrüßten Hanni und freuten sich, eine neue Freundin zu haben, die noch dazu Flügelchen hatte und somit auch an ihren Wettflügen teilnehmen konnte. Da kam Honigmäulchen eine Idee: „Du, Hanni, sag mal, kannst du Blinkis Licht nicht wieder anzaubern? Ihr Feen könnt doch zaubern, oder?" Die kleine Fee senkte betrübt ihr Köpfchen und antwortete: „Ja schon, aber ich bin noch zu klein, um alles zu können und außerdem können wir Feen nichts wieder heil zaubern, was wir selbst kaputt gemacht haben, leider. Denn das wäre sonst ja unfair."
„Macht euch mal keine Sorgen!", posaunte Blinki heraus, „mein Licht wird schon wieder angehen. Das Ganze ist im Moment zwar etwas blöde, aber ich schaff' das, bis es wieder da ist. Außerdem lässt sich jetzt eh nichts daran ändern. Ich bin müde, lasst uns nach Hause fliegen."
Für heute hatten sie wirklich Aufregung genug gehabt, und so machten sich alle auf den Heimweg. Strahler,

dessen Glühwürmchenhinterteil noch ganz normal leuchtete, brachte Blinki nach Hause, denn dieser musste sich ja erst einmal an die plötzliche Dunkelheit gewöhnen und sich ohne sein Licht zurechtfinden. Als Blinki zu Hause war und seinen Eltern von der ganzen Sache berichtet hatte, erschraken diese fürchterlich, denn sie wussten, wie gering die Chancen für ihren Sohn standen, sein Licht wieder zu bekommen. Aber sie versuchten, sich nichts anmerken zu lassen und sagten ihm lediglich, dass es schon noch ein Weilchen dauern könnte, bis sein Lichtlein wieder leuchten würde. So wartete Blinki geduldig Tag für Tag darauf, dass sein Hinterteil wieder zu leuchten beginnen würde und alles wieder normal wäre. Doch nach zwei Wochen des Wartens machte sich Verzweiflung in ihm breit. Er ging zu seinen Eltern und weinte bitterlich, und da sagte ihm seine Mutter, als er in ihrem Arm lag, dass er damit rechnen müsse, dass sein Licht vielleicht nie wieder brennen würde. Blinki war darüber sehr erschrocken und er schluchzte nur: „Aber was soll ich denn dann machen? Ich bin doch kein richtiges Glühwürmchen mehr, wenn ich nicht mehr leuchte." Aber sein Vater streichelte ihm über den Kopf und sagte: „Weißt du, Blinki, es ist nicht das Licht, das ein Glühwürmchen ausmacht, sondern es sind seine Taten, die ein Glühwürmchen zu etwas Besonderem machen. Schau mal, dein Onkel Dunkele kam seinerzeit ohne Licht auf die Welt, und er hat sich immer für die armen und benachteiligten Tiere auf der Wiese eingesetzt und war ein sehr angesehenes Glühwürmchen, das es sogar bis zum Wiesenbürgermeister gebracht hat. Du brauchst dein Licht überhaupt nicht, denn du bist so ein lieber und toller Kerl, du schaffst es, auch ohne dein Licht etwas Besonderes zu sein, glaub mir!" Nach den Worten seines Vaters hatte sich Blinki wieder einigermaßen

beruhigt, aber er war immer noch sehr traurig. Auch Hanni war sehr schockiert, als er ihr am nächsten Tag davon berichtete. Die kleine Fee fühlte sich immer noch schuldig und hatte jetzt auch noch Angst, ihre neue Freundschaft könnte daran zerbrechen, weil sie schuld war, dass ihr Glühwürmchenfreund vielleicht nie wieder würde leuchten können. Hanni konnte die ganze Nacht nicht schlafen, weil sie solch ein schlechtes Gewissen hatte und so beschloss sie, sich gleich am nächsten Morgen nochmals bei Blinki zu entschuldigen und diesem, wo sie nur konnte, zur Seite zu stehen und einfach für ihn da zu sein. Gleich nach dem Aufstehen flatterte die kleine Fee so schnell sie konnte los, in den kleinen Buchladen von Herrn Hirschkäfer neben Blume sieben und als sie den Laden mit einer kleinen Tüte unter dem Arm wieder verließ, war sie fast ein bisschen fröhlich. Als sie Blinki auf dem Grashalm, auf dem sie sich verabredet hatten, sitzen sah, kam sie strahlend auf ihn zugeschwirrt und setzte sich neben ihn.
„Ich wollte mich nochmals bei dir entschuldigen, wegen deinem Licht", fing sie an und zog das Buch, das sie kurz zuvor gekauft hatte, aus der Tüte. „Und als kleine Aufmunterung, denn ich weiß, dass ich das, was ich dir angetan hab, nie wieder gut machen kann, wollte ich dir dieses Buch schenken." Blinki schaute sehr überrascht, als er ein Buch mit einer Geschichte über einen Geheimagenten in Händen hielt, aber Hanni begann sofort zu erklären. „ Ich dachte, da du ja jetzt kein Licht mehr hast, wäre es doch ein Leichtes für dich, Geheimagent zu werden. Das ist doch ein super spannender Job und jetzt fällst du nicht mehr so auf, und darum könntest du das doch versuchen, oder?" Sie sah ihn erwartungsvoll mit Tränen in den Augen an. Auch Blinkis Augen wurden feucht, denn er war gerührt, wie sehr Hanni der ganze

Vorfall leid tat und wie sehr sie sich bemühte, ihm die Traurigkeit zu nehmen. „Vielen Dank! Das ist echt lieb von dir. Und weißt du was, du hast Recht, ich werde Geheimagent oder Privatdetektiv! Ich wollte schon immer so einen spannenden Beruf, und jetzt hab ich auch tatsächlich Chancen."

Und schon lachte das kleine Glühwürmchen wieder. Als Blinki nach Hause kam, erzählte er seinen Eltern stolz von seinen neuen Berufswünschen. Alle waren froh, dass es Blinki wieder besser ging, auch wenn er immer noch ein wenig traurig darüber war, nicht mehr leuchten zu können.

Ein paar Tage später war Blinki wieder mit Hanni verabredet. Doch als er am Treffpunkt war, fehlte von der kleinen Fee jede Spur und auch die anderen Freunde hatten sie nicht gesehen. Plötzlich hörten sie aus einiger Entfernung ein zartes Stimmchen, das verzweifelt um Hilfe schrie. „Das klingt wie Hanni! Sie scheint in Schwierigkeiten zu sein, wir müssen nachsehen, wo sie steckt und ob wir ihr helfen können!" Sofort flog Blinki in Windeseile los, in die Richtung, aus der die Schreie kamen. Die anderen schwirrten ihm hinterher und als sie um den nächsten Löwenzahn gebogen waren, sahen sie auch schon, wie Hanni zappelnd und strampelnd in einem Spinnennetz hing. Sie hatte wieder einmal nicht aufgepasst, wo sie hingeflogen war und so war sie direkt in diesem Netz gelandet, aus dem sie sich jetzt nicht wieder alleine befreien konnte. Als sie die kleine Fee da hängen sahen, erschraken die Tiere sehr, denn sie kannten die Gefahr, die von einer solchen Webe für sie ausging. Keiner wusste so recht, was sie tun sollten, denn sie durften dem Netz nicht zu nahe kommen. Das konnte sonst leicht ihr Ende bedeuten, zumal die Spinne bereits oben im Eck auf ihre Beute lauerte und darauf hoffte,

dass sich bei dem Versuch, die kleine Fee zu befreien, noch ein paar der Flugtierchen im Netz verheddern würden. So überlegten die Freunde, wie sie Hanni wohl aus ihrer misslichen Lage retten könnten. Doch so sehr sie auch nachdachten, sie hatten keine Idee, wie sie ihr helfen konnten. Da platzte es aus Blinki heraus: „Ich fliege da jetzt hin und versuche, Hanni da raus zu kriegen. Wenn ich selbst im Netz hängen bleibe, ist es mir auch egal, denn ein Glühwürmchen ohne Glüh ist sowieso nur noch ein Würmchen." Er schwirrte zu der kleinen Fee und begann das Spinnennetz mit seinen kleinen Händen zu zerreißen, und auch als die Spinne langsam und drohend in seine Richtung gekrabbelt kam, blieb er ruhig und machte unbeirrt weiter. Nach nicht einmal einer Minute hatte er es tatsächlich geschafft und Hanni war wieder frei. Sie fiel ihrem Retter dankbar um den Hals und drückte ihm ein Küsschen auf die Backe. Genau in diesem Moment machte es auf einmal leise „Pling!" und Blinkis Hinterteil strahlte wieder, als wäre sein Licht niemals erloschen gewesen. Das kleine Glühwürmchen war so glücklich und erleichtert gewesen, dass alle Anspannung von ihm abgefallen war, die sein Licht gehemmt hatte, weil Hanni und natürlich auch er selbst nun in Sicherheit waren. Hannis Kuss hatte dann sein Übriges getan und der kleine Glühwurmhintern strahlte wieder, wie der Rest von Blinki auch. Seine Freunde staunten nicht schlecht, am meisten aber war Blinki selbst überrascht. Doch er freute sich riesig, und so fiel er Hanni um den Hals und drückte sie, bis sie beinahe keine Luft mehr bekam.
Dann sah er auf einmal ziemlich düster drein.
„Aber wenn mein Licht jetzt wieder brennt, kann ich ja gar nicht mehr Geheimagent oder Detektiv werden. Was mache ich denn dann?"

Hanni aber lächelte und erwiderte: „Blinki, du hast doch gerade gesehen, dass du alles kannst, wenn du nur willst, ganz egal ob mit oder ohne Licht."

Nun strahlte auch das kleine Glühwürmchen wieder und nickte. „Du hast Recht! Ich kann auch mit Licht Agent werden, wenn ich das möchte." Die beiden umarmten sich erneut und ihre Freundschaft wurde immer stärker, denn ab sofort meisterten sie all ihre Probleme zusammen und gingen gemeinsam durch Dick und Dünn.

Ferdinand, der kleine Wels
Vera Klee

Ferdinand war ein junger, braun-schwarz gefleckter Wels und lebte in dem Märchenwaldsee bei seiner Tante Herta. Sicher, es gab dort Hunderte von Süßwasserfischen, doch keiner war so wie er. Die anderen Fische schwammen den ganzen lieben langen Tag hin und her, rauf und runter oder einfach quer durch den Märchenwaldsee. Doch das gefiel Ferdinand überhaupt nicht. Er versteckte sich lieber in einer dunklen, kleinen Höhle, um ab und zu hervorzuspähen und neugierig seine Nachbarschaft zu beobachten. So kam es, dass er kaum Freunde hatte. Ihm machte es nicht besonders viel aus, aber seine Tante Herta befürchtete, dass er ein Einsiedler werden würde, so wie der Krebs von Höhlenriff Nummer 12.

Eines Tages jedoch, gerade als Ferdinand den Kopf zur Höhle heraus streckte, kam Leila, eine kleine braune Welsdame angeschwommen und fragte ihn, ob sie zu ihm hinein dürfe.

„Natürlich – gerne!", freute sich Ferdinand und holte schon seine Muschelspielkiste hervor.
Sie spielten den ganzen Nachmittag zusammen, und als Leila nach Hause schwimmen musste, verabredeten sie sich für den nächsten Morgen. Leila kam fast jeden Tag und sie wurden die besten Freunde des Märchenwaldsees.

Eine Woche später kamen sogar noch mehr kleine Fische angeschwommen, die auch in Ferdinands Höhle spielen wollten.

Als Tante Herta zu Besuch kam und sah, wie viele Freunde ihr Ferdinand gewonnen hatte, schwamm sie glücklich und zufrieden davon.

Das verirrte Häschen
Uschi Hahn

„Also, muss ich nun hier links um den Baum oder rechts? Hm, wie war der Weg zurück zu meinem Hasenbau?", fragte sich das kleine Häschen Julischka und streckte sein Näschen hoch in die Luft. Schnüffelte hin und her, aber es konnte sein Zuhause auch nicht erschnuppern. Es roch zwar herrlich nach Nadelbäumen und vielen Pilzen, die hier im Wald nahe der Märchenwiese wuchsen, aber das half ihm im Moment nicht weiter. Roch es doch hier überall so. Nach kurzer Dauer entschied sich Julischka, links um den Baum zurück zu hoppeln. „Das wird schon der richtige Weg sein", sprach sie sich selber Mut zu. „Ja, hier war ich schon mal", sann sie weiter und machte vor Freude einen großen Sprung in die Luft.
Aber leider war es die falsche Richtung, die das kleine Häschen eingeschlagen hatte. Schon zog die Abenddämmerung auf und Julischka bemerkte nun ihren Fehler. Niedergeschlagen kauerte sie sich zwischen zwei kleine Fichten und fing an zu weinen. „Ich war noch nie im Dunkeln alleine, immer war ich bei meinen Eltern. Aber morgen werde ich bestimmt heim finden", tröstete sie sich selber und unterdrückte einen Schluchzer, was ihr aber nicht ganz gelang. „Was ist los mit dir, warum versteckst du dich hier?", hörte Julischka auf einmal ein Brummen, und sie blickte sich suchend um. Sie konnte aber niemanden entdecken.
„Warum bist du nicht bei deinen Eltern?", brummte die Stimme weiter.
„Wer bist du, ich seh' dich nicht?", fragte sie nun ihrerseits und kroch zwischen den Fichten hervor, um dann

erschrocken inne zu halten. Vor ihr stand ein riesiger Braunbär, der sie neugierig betrachtete. Ängstlich wollte sie sich wieder zwischen den Bäumen verkriechen, aber der Bär lächelte so milde, dass sie ihr Vorhaben vergaß.
„Ich habe mich verlaufen und finde nicht mehr zurück", beklagte sich das Häschen und erzählte ihm die Geschichte mit dem Baum. „Hab mich nun doch in der Richtung geirrt."
„Hm, vielleicht kann ich dir helfen", brummte der Bär.
„Wie wäre es, wenn du mir meine Höhle putzt, dann will ich dir gerne sagen, wie du wieder heim kommst. Außerdem bist du dann in der Nacht nicht mehr alleine."
Julischka ließ ihre langen Ohren hängen und überlegte kurz, dann stimmte sie zu. „Nun gut, ich will gerne bei dir putzen. Hauptsache, ich komme dann wieder nach Hause."
Gleich darauf marschierten beide los. Das Häschen musste sich sehr beeilen, um mit dem Bären Schritt halten zu können. Ganz außer Atem kam es bei der Höhle des Bären an.
„Ich verkrieche mich in eine Ecke, damit ich dich nicht bei der Arbeit störe", sprach der Bär und war blitzschnell in der Höhle verschwunden. Julischka folgte ihm, musste sich aber gleich das Näschen zuhalten.
„Pfui, hier stinkt es ja arg. Deine Höhle hat wirklich eine Reinigung nötig", meinte sie und machte sich gleich an die Arbeit. Sie sammelte das alte Stroh, das sich der Bär als Unterlage auf die Erde gelegt hatte, ein und schleppte es mühsam nach draußen. Auch alte Pelzbüschel, die er verloren hatte, wurden nach draußen gebracht. Dann bastelte sich Julischka einen Reisigbesen aus abgefallenen Ästen und kehrte die Höhle rein. Der Bär bemerkte nichts davon, lag er doch friedlich schnarchend in einer Ecke und schlummerte dem nächsten Tag entgegen.

Als der Morgen endlich dämmerte und sich die Morgenröte zeigte, setzte sich das Häschen auf einen Baumstamm, der in der Höhle herum lag und verschnaufte ein wenig.

„Hallo, hallo, Herr Bär, ich bin fertig!", rief Julischka und stellte sich vor ihn hin. „Hallo, aufwachen!" „Ach, lass mich doch in Ruhe, du dummes Häschen. Ich weiß nicht, wo du wohnst. Geh, verschwinde und lass mich in Ruhe!", schimpfte der Bär und brummte dabei so bösartig, dass Julischka ängstlich aus der Höhle rannte, einfach in den Wald hinein.

„Also, das war aber gar nicht nett von dem Bären, mich so zu belügen. Lässt mich für sich arbeiten, obwohl er gar nicht weiß, wo ich wohne", klagte sie leise vor sich hin, und schon kullerten die ersten Tränchen über ihr schönes weiches Fell.

„Mein armes, armes Häschen, warum weinst du? Was ist passiert?", fragte ein Eichhörnchen, das gerade von einem Baum zum anderen sprang. „Kann ich dir irgendwie helfen?"

„Weißt du denn, wo ich wohne?", schniefte Julischka und wischte sich die Tränchen fort. Dann erzählte sie dem Eichhörnchen von dem bösen Bären, der sie nur ausgenutzt hatte. „Also, wenn ich es mir so überlege, dann weiß ich, wo du wohnst. Ich habe heute Nacht gehört, dass ein Hasenpaar nach seinem Kind suchend durch den Wald hoppelte", lachte das pfiffige Eichhörnchen. „Ich bringe dich zurück. Aber zuerst musst du mir helfen, nach meinem Futter zu suchen, das ich im letzten Herbst versteckt habe. Zu zweit geht es viel schneller. Also, was hältst du davon?"

„Nun gut, wenn ich dann endlich heim komme, will ich dir gerne helfen", sprach das Häschen, und sogleich machten sie sich auf die Suche.

Eifrig erschnüffelte Julischka die Futterstellen und grub sie aus. Dass das Eichhörnchen dabei faul an einem Baumstamm lehnte und ihr dabei zusah, machte ihr nichts aus. Ihr schönes Fell wurde schmutzig und viele Tannennadeln verfingen sich darin, aber das störte sie überhaupt nicht. Wenn ich doch nur heim komme, dachte sie frohen Mutes.

„Buh, ich glaub, jetzt habe ich alle", schnaufte sie einige Stunden später ermattet, aber glücklich. Schnell sammelte das Eichhörnchen lachend alles ein und verschwand mit seiner Beute hoch oben in den Baumkronen. Es

sprang dabei von Ast zu Ast, steckte das Futter zwischen die Astgabeln und machte einen riesigen Sprung auf den nächsten Baum, um dann ganz zu verschwinden.
„Halt, komm zurück! Du musst mir doch noch zeigen, wo ich wohne!", schrie Julischka erbost. Aber das Eichhörnchen war schon verschwunden.
„Du bist aber gemein!", schimpfte sie und setzte sich enttäuscht hin. Und schon wieder kullerten Tränen über ihr Gesicht.
„Also, das Gejammer kann sich doch keiner mehr anhören!", schimpfte ein eben vorbeikommender Fuchs und schlich sich an das Häschen heran. Dabei versuchte er, sein Lispeln zu unterdrücken. „Warum beklagst du dich so?" Julischka blickte noch nicht einmal auf, als sie dem Fuchs antwortete und auch ihm ihre Geschichte erzählte.
„Na, da bist du aber üblen Betrügern aufgesessen", sagte der Fuchs mitleidig und streichelte das Häschen. „Ich will dir helfen. Wir werden beide nach deinen Eltern suchen", versprach er. „Komm, spring auf meinen Rücken, dann hast du es leichter", sprach er weiter. Kaum hatte er zu Ende gesprochen, sprang Julischka dankbar auf seinen Rücken und krallte sich im kurzen Fell fest. So ein lieber Fuchs, dachte sie noch bei sich.
Mit schnellen, großen Sprüngen ging es durch den Wald. „Hui, das macht aber Spaß!", lachte das Häschen und hatte seinen Kummer fast vergessen.
Plötzlich blieb der Fuchs abrupt stehen, so dass Julischka beinahe von seinem Rücken gefallen wäre. „Sind wir schon da?", fragte sie neugierig und rutschte herunter.
„Nein, noch nicht ganz, mir fiel noch was ein. Ich muss schnell meinen Bau aufräumen", sprach der Fuchs und grinste dabei hinterlistig. Das Häschen hatte das jedoch nicht bemerkt und meinte freundlich: „Nun, ich kann dir

gerne helfen, dann geht es schneller", und schon verschwand sie in seinem Bau. Dann flog die erste verschmutzte Erde aus dem Loch, der weiterer Abfall folgte. Der Fuchs hatte es sich ein Stückchen weiter bequem gemacht und schnippte lässig ein paar Erdkrümel von seinem Fell. „So ein naives Häschen, ich würde doch dumm sein, wenn ich es nicht auch für mich arbeiten lasse", lachte er leise vor sich hin. „Soll es doch nachher sehen, wie es nach Hause kommt!"
Julischka, die davon nichts ahnte, kam nach einiger Zeit aus dem Bau. „So lieber Fuchs, ich bin fertig", meinte sie und klopfte sich ihr Fell sauber. „Wir können nun weiter auf Suche gehen."
„Auf was für eine Suche?", fragte der listige Fuchs scheinbar gelangweilt und schaute Julischka herausfordernd an.
„Na, nach meinen Eltern", stotterte sie etwas verwirrt
„Du hast es mir versprochen!"
„Ach so, das meinst du. Ich weiß nicht, wo deine Eltern sind. Hab nur einen Dummen gesucht, der meinen Bau für mich reinigt", lachte der Fuchs schäbig und machte sich dann, wie die anderen Tiere vorher, auch aus dem Staub.
Nun saß Julischka da und war unendlich traurig. „Gibt es denn niemanden, der mir wirklich helfen kann? Ich will doch nur zu meinen Eltern", jammerte sie wieder. Plötzlich krabbelte und zupfte es an ihren Füßen. Schon wollte Julischka danach treten, um das lästige Etwas zu verscheuchen, hielt dann aber inne. „Was willst du von mir?", fuhr sie die kleine braune Wiesenmaus zornig an. „Soll ich etwa auch für dich was suchen oder gar putzen?".
„Nein, ich brauche dich für nichts", erklärte das Mäuschen. „Ich habe dich schon seit gestern beobachtet und

frage mich nun, wie du nur dem Bär, dem Eichhörnchen und dem Fuchs glauben konntest, dass sie dir helfen würden? Alle hier im Wald wissen, dass sie arglistig und faul sind."

„Nein, das habe ich nicht gewusst, woher denn auch? Die Tiere, die ich kenne, sind nicht so", erklärte Julischka und vergaß für kurze Zeit vor Entrüstung sogar ihren Kummer.

„Na, dann musst du aber noch viel von deinen Eltern lernen. Glaube nicht jedem, der dir etwas weismachen will. Du siehst doch, was dabei rausgekommen ist. Du hast hart und viel gearbeitet, aber nach Hause bist du nicht gekommen, oder?", belehrte die Waldmaus Julischka altklug.

„Warum hast du überhaupt mit mir geredet, wenn ich nicht für dich arbeiten soll?", fragte das Häschen neugierig.
„Na ganz einfach, ich weiß, wo du wohnst. Es ist noch nicht einmal weit von hier. Ich hätte es dir ja schon gestern gesagt, aber ich bin nicht an dich heran gekommen. Und mit einem Bären lege ich mich nun mal nicht an", erwiderte die Maus schmunzelnd.
„Was, du weißt, wo ich wohne? Stimmt das wirklich oder muss ich doch etwas für dich erledigen?", fragte Julischka ungläubig.
„Nun, ich denke, du hast deine Lektion gelernt und bist nicht mehr so leichtgläubig", lachte die Maus. „Komm, ich führe dich, sonst kommst du niemals heim." Und schon marschierte sie los.

Das Häschen konnte sein Glück gar nicht fassen, hoppelte aber der Maus hinterher. Nach einem kurzen Weg erschnupperte das Häschen die Fährte seiner Eltern.
„Halt, halte ein, liebe Maus, ich rieche und sehe jetzt schon unseren Hasenbau!", rief Julischka und Tränen der Freude traten in ihre Augen. „Den Rest möchte ich gern alleine gehen", meinte sie freundlich und blickte liebevoll auf das Mäuschen. „Ich werde dir immer dankbar sein, und wenn du mal Hilfe brauchst, so komm zu mir", sagte sie erleichtert und froh darüber, dass sie ihren Ausflug heil überstanden hatte.
„Hab ich doch gerne gemacht", lachte das Mäuschen und verschwand dann ganz schnell, denn die Wiedersehensfreude der Hasenfamilie wollte sie nicht stören.
Im Hasenlager wurde alsbald ein großes Fest gefeiert, denn alle waren froh, dass Julischka wieder gut zu Hause angekommen war.

Zwischen dem Häschen und der Maus aber entstand eine wunderbare Freundschaft, und wer ganz aufmerksam durch den Wald geht, kann die beiden vielleicht sogar einmal beim Spielen sehen.

Theodor und Jonas – Das Maifest
Klara Alkin

Es war einer dieser schönen Frühlingstage. Die Sonne stand hoch am wolkenlosen blauen Himmel, die Vögel zwitscherten aufgeregt in den Bäumen und die Blumen auf der grünen Wiese erstrahlten in den fröhlichsten Farben.
Theodor, der Maikäfer, summte gemeinsam mit seinem Freund Jonas über die bunte Wiese. Die beiden jungen Maikäfer waren häufig gemeinsam unterwegs und hatten schon das eine oder andere spannende Abenteuer zusammen erlebt. So hatten sie erst in der letzten Woche eine nette Bekanntschaft mit einer Libelle am Teich geschlossen, und gestern besuchten sie Edolan, den Hamster, den sie bereits vor Monaten am Eingang zu seinem Bau kennen gelernt hatten.
An diesem Tage waren Theodor und Jonas besonders guter Laune, da unter dem Volk der Maikäfer die Vorbereitungen für das anstehende Maifest auf Hochtouren liefen.
Jedes Jahr am ersten Mai trafen sich sämtliche Maikäfer der umliegenden Gegend auf der Wiese, um zusammen zu essen, zu lachen und zu feiern. Die Maikäfer waren bekannt dafür, überaus oft und ausgiebig zu feiern, aber selbst für die Maßstäbe des Insektenvolkes war das Maifest mit Abstand die größte Feier des Jahres und gerade deshalb vermutlich auch so beliebt.
Theodors Mutter hatte seit Tagen die Küche nicht mehr verlassen und es sah ganz danach aus, als wolle sie am Abend des Maifestes so viele Speisen auftischen, dass selbst die zweifache Menge an Gästen noch satt werden würde. Jonas' Vater währenddessen hatte die Tische auf

den Festplatz herangeschafft und sie in die richtige Position gebracht. Gemeinsam mit den anderen kräftigen Maikäfervätern hatte er die Stühle gerichtet, die Bühne für die Musikgruppe aufgestellt und die Dekoration angebracht. Bunte Blumenketten aus den unterschiedlichsten Blüten hingen über den Tischen und der Bühne und bildeten einen farbenfrohen Teppich am Boden.

Als all diese Vorbereitungen getroffen waren, lag es an den Maikäfermüttern, die Tische zu decken. Die verschiedensten Gerichte wurden auf großen Platten oder in riesigen Schüsseln serviert, das Besteck zurechtgelegt, Krüge mit Wasser und Saft gefüllt und Gläser und Becher bereitgestellt. Es war eine prächtige Tafel, die für jeden Geschmack und jedes Gemüt etwas zu bieten hatte.

Als auch diese Arbeit erledigt war, hatte die Nacht bereits über den Tag gesiegt, und nachdem auch das große Feuer in der Mitte des Festplatzes entfacht worden war, stand der Feier nichts mehr im Wege.
Theodor und Jonas waren seit Stunden am Platz und hatten ihren Eltern tatkräftig geholfen. Nun waren sie zur Stelle, um die ersten Gäste zu begrüßen. Die beiden jungen Maikäfer hatten in den vergangenen Jahren Freundschaften mit Maikäfern aus dem ganzen Land geschlossen. Viele von ihnen sahen sie nur an diesem einen Tag während des Maifestes, deswegen war die Freude über ihr Kommen nun umso größer.
Schon bald hatten sich die langen Tische gefüllt und alle Gäste waren eingetroffen. Die Menge war unüberschaubar. Hunderte Familien aus dem Umkreis waren auf der Wiese erschienen. Das Fest wurde mit Reden der Gastgeber eröffnet, anschließend wurde gespeist.
Das Besteck klirrte, Gläser wurden geleert und wieder gefüllt und Töpfe und Schüsseln ihres Inhaltes entledigt.
Neuigkeiten wurden ausgetauscht, Geschichten und Erlebnisse erzählt und so manch neue Freundschaft geschlossen.
Die erwachsenen Maikäfer blieben auch nach dem Essen am Tisch sitzen und redeten und sangen, die Kinder währenddessen waren, nachdem sie sich gesättigt hatten, nicht mehr aufzuhalten. Sie summten wild in der Luft umher, tanzten fröhlich um das Feuer oder vertrieben sich die Zeit mit selbst erfundenen Spielen.
Viele der Spiele hatten sich Theodor und Jonas ausgedacht, und ihre Ideen fanden bei den anderen Maikäfern meist großen Anklang. So waren sie es beispielsweise, die das „Grashüpferspiel" erfunden hatten. Bei diesem Spiel bogen zwei Maikäfer einen Grashalm so weit sie konnten um, während ein anderer Käfer sich auf

das gespannte Ende setzte. Dann ließen die beiden Maikäfer, die den Grashalm hielten, los und der dritte Maikäfer wurde wild durch die Luft geschleudert.

Das „Grashüpferspiel" war mit Abstand das lustigste aller Spiele. Spätestens, wenn ein Maikäfer vom Grashalm in die Luft geschossen wurde und sich dort mehrfach überschlug, brach die versammelte Menge in schallendes Gelächter aus und spendete dem mutigen Helden, welchem manchmal noch zwei Stunden später schwindelig sein konnte, lauten Beifall.

Theodor und Jonas hatten auch viele andere Spiele erfunden, jedoch war dieses das beliebteste unter den Maikäferkindern.
Etwas später in der Nacht hörten die erwachsenen Maikäfer auf zu singen. Eine Musikgruppe trat auf der Bühne auf und vergnügte die Anwesenden mit ihrem Spiel. In diesem Jahr bestand die Gruppe aus drei Maikäfern, die

Violine, Trompete und Klavier spielten und die zusammen ein wahrlich unterhaltsames Trio darstellten.

Zu dieser Zeit schliefen viele der Maikäferkinder bereits in den Schößen ihrer Eltern, während die älteren Kinder, wie Theodor und Jonas, noch aufgeregt durch die kühle Luft summten und sich die Nacht mit Spielen um die Fühler schlugen.

Doch irgendwann wurden selbst die aufgewecktesten Maikäfer schläfrig und erschöpft, und so fielen auch Theodor und Jonas schließlich auf einem Buchenblatt vor dem großen Feuer in einen tiefen Schlaf. Die fröhliche Musik und die angeregten Gespräche der erwachsenen Maikäfer nahmen sie zu dieser Zeit nicht mehr wahr. Stattdessen erlebten sie in ihren Träumen aufregende Abenteuer auf der Wiese und blickten bereits voller Vorfreude dem nächsten Maifest in genau einem Jahr entgegen.

Theodor und Jonas – Die Trompete und der Maulwurf
Klara Alkin

Die beiden Maikäfer Theodor und Jonas waren wieder einmal auf der großen Wiese unterwegs und genossen die Wärme der Sonnenstrahlen und den lauen Wind. Es war ein wunderschöner warmer Tag und alle Insekten der Wiese waren aus ihren Häusern und Höhlen gekommen, um ihn in vollen Zügen zu genießen.
„Theodor! Jonas!", ertönte plötzlich eine sanfte Stimme hinter den beiden Maikäfern.
Die beiden Freunde wandten sich um und erblickten Nils, den Zitronenfalter, der sich munter flatternd auf sie zu bewegte.
„Nils!", riefen die beiden gleichzeitig und begrüßten ihren alten Freund herzlich. „Was führt dich um diese Zeit hierher?"

Nils flog nun direkt neben den beiden Maikäfern und aus dieser Entfernung erkannten sie, dass der Zitronenfalter merkwürdig besorgt und erschöpft aussah.
„Meine kleine Tochter Sanida ist leider krank", erklärte ihnen Nils, woraufhin sich Theodor und Jonas natürlich nicht mehr über sein Aussehen wunderten.
„Was fehlt ihr denn?", fragte Jonas betroffen.
„Sie ist letzte Woche von einem Regenschauer überrascht worden, als sie auf der Wiese unterwegs war. Ihre Flügel sind glücklicherweise nicht beschädigt worden, aber jetzt hat sie eine schwere Erkältung und ist wohl noch einige Tage ans Bett gefesselt", erklärte Nils besorgt.
„Können wir dir oder deiner Tochter irgendwie helfen?", erkundigte sich Theodor.

„Ich will ihr ein paar Blumen pflücken, ihr wisst schon, damit sie auf andere Gedanken kommt und auch an diesem schönen Tag teilhaben kann. Wenn ihr wollt, könnt ihr mir dabei behilflich sein", antwortete der Zitronenfalter.

Natürlich halfen die beiden Maikäfer ihrem alten Freund. Gemeinsam flogen die drei über die bunte Wiese und pflückten die schönsten aller Blumen. Schon bald hatten sie einen fantastischen Strauß mit violetten, roten, blauen, weißen und einigen gelben Blumen zusammengetragen. Nach etwas mehr als zwei Stunden hatte Nils Schwierigkeiten damit, den riesigen Strauß, den sie gepflückt hatten, zu halten und die drei machten sich auf den Rückweg zu Nils' kleinem Häuschen.

Nils bewohnte am Rande der Wiese eine kleine Hütte, die er vor Jahren aus kleinen Zweigen und Unterholz errichtet hatte. Sie war ein sicherer Unterschlupf und bot Schutz vor Regen und Witterung.

Theodor und Jonas wurden von Nils' Frau Gwendollyn freundlich in die Hütte gebeten und von ihr sogleich mit Saft und Keksen gestärkt.

Sanida lag in ihrem Bett im hinteren Teil der Hütte und nieste andauernd. Sie hatte Fieber und starken Husten. Theodor und Jonas überreichten ihr gemeinsam mit Nils den Blumenstrauß.

Sanida freute sich irrsinnig, doch als sie an den Blumen roch, musste sie erneut niesen und so stellte Nils den Strauß in eine Vase neben ihr Bett und Sanida erfreute sich allein an seinem Anblick.

„Wenn du erst einmal wieder gesund bist, fliegen wir gemeinsam über die Wiese und verstecken uns in den Glockenblumen oder unter den Blättern vor Erich, dem

grimmigen Maulwurf", schlug Theodor vor und Jonas nickte bestätigend.
Sanida lachte aufgeheitert. „Ja, das machen wir", sagte sie dann, woraufhin auch die beiden Maikäfer kicherten.

Zwei Wochen später war Sanida genesen und Theodor und Jonas flogen gemeinsam mit ihrer Freundin über die bunte Wiese. Schon bald hatten sie die Stelle, die sie suchten, erreicht. Ein kleiner Erdhaufen erstreckte sich vor ihnen und ein schmaler Gang führte in die Tiefen der Erde.
Sanida und Jonas versteckten sich hinter dem Hügel, während sich Theodor mit einer Trompete dem Gang näherte. Jonas nickte bestätigend, woraufhin Theodor mit voller Kraft in die Trompete blies und ein lauter und dröhnender Klang den engen Tunnel entlang hallte.
Ein kurzer bedrückender Moment der Stille folgte dem Klang – Theodor flatterte in Windeseile zu Jonas und

Sanida – dann hörten die drei eine grollende, aufgebrachte Stimme im Untergrund.
Keine zehn Sekunden später bewegte sich der Gipfel des Erdhaufens und die wütende Fratze von Erich, dem Maulwurf, wurde sichtbar.
„Ihr kleinen Nervensägen!", donnerte seine Stimme über die Wiese. „Stört einen alten und gebrechlichen Maulwurf einfach während seines Mittagsschläfchens! Ihr solltet euch schämen! Lasst euch ja nie von mir erwischen!"
Sanida und die beiden Maikäfer kicherten.
„Wo seid ihr?", polterte Erich währenddessen. „Ich höre euch lachen!"
Die drei Übeltäter konnten sich nicht mehr zurückhalten und aus ihrem leisen Kichern wurde schallendes Gelächter. „Wie gut, dass sein Gehör besser ausgebildet ist, als seine Augen es sind", flüsterte Jonas zu Sanida und Theodor.
Sie lachten nun so laut, dass der Maulwurf anhand der Richtung, aus der der Lärm stammte, bestimmen konnte, wo sich die Übeltäter aufhielten; und als er sich wild auf sie zu bewegte, flatterten Theodor, Jonas und Sanida schnell in die Luft empor und hatten den Ort des Geschehens schon bald hinter sich gelassen.
„Was meint ihr?", fragte Sanida immer noch kichernd. „Morgen um dieselbe Zeit?"
„Oh ja", pflichtete ihr Theodor bei und auch Jonas nickte begeistert.
„Aber dieses Mal darf ich in die Trompete blasen!", rief ihnen Sanida noch nach, bevor sie sich auf den Weg nach Hause machte.

Manchmal liegt die Lösung so nah
Astrid Pfister

Mimmi war eine durch und durch wilde Katze. Im Gegensatz zu ihrer Schwester wollte sie auf keinen Fall eine gewöhnliche Hauskatze bleiben. Das Leben in einem Haus war nichts für sie, und außerdem war sie ja keine langweilige Katze wie die anderen.
Also war sie vor ein paar Jahren fortgezogen und lebte seitdem auf der Märchenwiese. Es gab kaum einen Tag, an dem sie am selben Platz schlief.
Aber heute war ein besonderer Tag, heute würde sie ihre jüngste Schwester wiedersehen. Das erste Mal seit vier Jahren.
Mimmi war schon reichlich aufgeregt und sie säuberte sich sorgfältig das Fell.
Um drei Uhr traf sie sich dann mit Tilly, ihrer jüngsten Schwester, am Bahnhof.
Freudestrahlend begrüßten sich die beiden und feierten ihr Wiedersehen.
Danach nahm Tilly ihre Schwester mit in die Wohnung, in der sie lebte, und stellte ihr ihre Familie vor.
Glücklich rannte Mimmi mit John, dem Sohn der Familie, durch alle Zimmer.
Sie ließ sich Wollknäuel zuwerfen oder jagte mit ihm durch die ganze Wohnung. So viel Spaß hatte sie schon seit Jahren nicht mehr gehabt.
Denn das Leben auf der Märchenwiese war bei weitem nicht so spannend, wie sie es einmal gedacht hatte.
Sie hatte gehofft, jeden Tag ein neues Abenteuer zu erleben, und auch die Mäuse waren sehr viel frecher als in der Stadt.

Atemlos beglückwünschte sie Tilly zu ihrem tollen Leben und fragte sich insgeheim, ob sie nicht damals doch einen Fehler begangen hatte.
„Sag bloß, dir gefällt dieses ganze Rumgerenne?", fragte Tilly ihre Schwester entgeistert.
„Na klar, was soll ich denn sonst machen, den ganzen Tag irgendwo rumliegen? Das kann ich schon zur Genüge, wenn ich wieder auf der Märchenwiese bin.
Da macht man den ganzen Tag nichts anderes als essen und schlafen."
Tilly konnte ihre Schwester nicht verstehen. Wenn es nach ihr ging, würde sie sich ein sonniges Plätzchen suchen, sich hinlegen und den ganzen Tag schlafen.
Dieses Rumgerenne war doch viel zu anstrengend. Außerdem war das mit ihrem Gewicht auch gar nicht so einfach.
Traurig blickte sie auf ihr Abendbrot und sagte zu Mimmi: „Siehst du, sie finden mich zu dick, deswegen bekomme ich nur noch solches Essen."
Mimmi blickte auf den frischen, appetitlich angerichteten Salat und sah ihre Schwester stirnrunzelnd an. "Was stimmt denn damit nicht? Ich würde alles dafür geben, wenn ich mal wieder so etwas Leichtes kriegen könnte.
Auf der Märchenwiese bekomme ich ständig leckeres Essen. Frische Honigwaben von Susi, der Honigbiene, oder andere kalorienreiche Sachen. Davon werde ich immer so träge, dass ich hinterher nichts als schlafen will.
So ein Salat ist doch viel leckerer und gesünder."
Tilly lief das Wasser im Mäulchen zusammen. Süßen Honig, den hatte sie ja schon ewig nicht mehr gegessen.
Das, was für Mimmi so negativ war, hörte sich für Tilly wie ein Traum an.
So viel essen, wie sie wollte und dann irgendwo gemütlich auf der Märchenwiese liegen und schlafen.

Wenn Mimmi das früher gewusst hätte! Sie hatte immer davon geträumt, eine freie Katze zu sein und die weite Welt kennen zu lernen, dabei konnte sie alles, was sie wirklich wollte, auch hier erleben, und noch dazu in Gesellschaft einer lieben Familie.
Immer hätte sie ein warmes Plätzchen und Menschen, die sich um sie kümmerten.
Tilly und Mimmi unterhielten sich noch die ganze Nacht und als der Morgen graute, trafen die beiden einen Entschluss.
Während Mimmi in der Stadt blieb und bei der Familie einzog, wo sie sich immer mehr einlebte, zog Tilly auf die Märchenwiese und entdeckte das Leben einer freien und ungebundenen Katze.
Und siehe da, jetzt führten beide Katzen endlich das Leben, das sie wollten und wurden wunschlos glücklich.
Denn in einer Familie zu leben war insgeheim Mimmis großer Traum gewesen, und Tilly fühlte sich endlich frei.
Ab und zu besuchten sie sich gegenseitig und lachten darüber, dass sie es nicht eher gemerkt hatten.

Eine Freundin für Jonathan
Roselinde Dombach

Unter den Wurzeln der saftig grünen Grasbüschel ist das Reich der Regenwürmer. Unablässig ringeln und wühlen sie sich durch die Erde und manchmal, wenn es oben regnet und die Feuchtigkeit frisch und kühl bis zu ihnen hinunter dringt, kommen sie aus dem Boden, schauen sich auf der Wiese um und genießen ihr Wetter.

Einer dieser rosigen Gesellen mit Namen Jonathan lag eines schönen Regentages zwischen Grashalmen und Gänseblümchen und seufzte ganz jämmerlich.
So jämmerlich, dass ein vorbei krabbelnder Mistkäfer innehielt und den Wurm mitfühlend fragte, ob ihm denn etwas wehtäte.
So gut es eben ging, schüttelte Jonathan sein vorderes Ende.
„Nein, ich habe keine Schmerzen", brummte er mürrisch.
„Was fehlt dir denn dann, dass du hier so schrecklich herumseufzen musst?"
Der Mistkäfer breitete die Vorderbeine aus und deutete damit um sich.
„Schau, wie wunderbar feucht alles ist. Und es regnet immer noch, also ein Wetter wie für dich gemacht. Du kannst durchaus froh und zufrieden sein!"
„Du hast ja keine Ahnung!"
Jonathan kroch ein Stück rechts um das Gänseblümchen herum und versteckte sein Vorderende unter einem Blatt, doch der Mistkäfer ließ nicht locker.
„Na gut, dann erzähl mir doch, was dich bedrückt. Vielleicht finden wir einen Weg, um dir zu helfen."
Der Käfer war eine Frohnatur und immer guter Laune.

Er konnte es deshalb einfach nicht mit ansehen, wenn jemand traurig war.
So ließ er sich auch jetzt nicht abschrecken, krabbelte links um das Gänseblümchen herum und hob das Blatt über Jonathan mit den Vorderbeinen an.
„Nun sag schon, was ist mit dir los?"
„Ach, na ja ..." Ein bisschen zögerte der Regenwurm noch, doch dann platzte er auf einmal heraus: „Es ist, weil ich so alleine bin. Alle anderen haben eine Familie oder Freunde, nur ich nicht!"
„Wie kommt denn das?", fragte der Mistkäfer verwundert.

„Das ist eine traurige Geschichte." Jonathan seufzte. „Ich gehöre ja auch eigentlich gar nicht hierher. Ein Star hat mich erwischt, als ich zu Hause einen Spaziergang machte. Aber dann hat er seinen Schnabel zu weit

aufgerissen und ich bin herausgefallen und hier gelandet."
Der Mistkäfer staunte.
„Wow! Das sind Abenteuer, wie ich sie noch nie erlebt habe! Du hattest gehöriges Glück, denn es hätte auch anders kommen können!"
„Ich weiß." Der Regenwurm nickte. „Aber so froh ich auch darüber bin, dass ich nicht gefressen wurde, bin ich doch fremd hier und habe weder Familie noch Freunde.
Das macht mich sehr traurig, sogar bei dem herrlichsten Regenwetter."

„Das kann ich verstehen", erwiderte der Mistkäfer. „Aber weißt du was, ich habe da eine Idee."
Jonathan schaute seinen neuen Bekannten gespannt an, doch im Inneren glaubte er nicht daran, dass ihm der Käfer würde helfen können.
Der aber rief: „Ich komme gleich zurück!"
Dann schwang er sich brummend in die Luft und verschwand hinter ein paar hohen Glockenblumen.

„Ja ja, wer's glaubt ..." Mürrisch kroch Jonathan ein paar Grasbüschel weiter, hielt aber zwischendurch immer wieder Ausschau nach dem Käfer.
Die Minuten verstrichen, doch der graue Himmel blieb leer.
Enttäuscht lag Jonathan da und brummte: „Ich hab's ja gewusst. Große Reden kann er schwingen, aber helfen kann er nicht."
Doch was war das?
Ein Schwirren ertönte und vor dem erstaunten Regenwurm schwebte plötzlich eine kleine, glitzernde Gestalt. Er hatte sie gar nicht kommen sehen und war sogar ein wenig erschrocken.

Dabei sah das Wesen überhaupt nicht furchterregend aus, sondern sehr hübsch.
Wie ein besonders schöner Schmetterling mit Menschengesicht, dachte der staunende Jonathan, und das traf es eigentlich ganz gut.

Die Glockenblumenelfe – denn sie war es, die der Mistkäfer herbeigeholt hatte – flatterte herunter und landete auf einem dicken Grashalm dicht vor dem Regenwurm.
„Hallo", sagte sie und lächelte Jonathan freundlich an. „Siegbert meint, du hättest ein Problem."
„Siegbert?" Den Namen hatte Jonathan noch nie gehört, doch die Elfe lachte und erklärte, dass der Mistkäfer so hieß.
„Siegbert Skarabäus, und auf diesen Namen ist er sehr stolz. Ich bin übrigens Campanella. Aber jetzt erzähl mir doch einfach, was dich bedrückt."
Obwohl der Wurm nicht so recht wollte, konnte er einfach nicht anders und erzählte der aufmerksam lauschenden Elfe seine ganze traurige Geschichte.
„Das ist allerdings ein Problem."

Nachdenklich drehte Campanella eine winzige Haarsträhne um ihren noch winzigeren Finger und überlegte.
Plötzlich schwirrten ihre Flügel und sie schoss mit einem Jubelschrei hoch in die Luft.
„Ich hab's!"
Verständnislos verdrehte Jonathan sein Vorderende, um ihr nachzuschauen, doch schon war sie wieder neben ihm gelandet.
„Pass auf!" Die Elfe zwinkerte dem Regenwurm zu. „Ihr Regenwürmer habt doch eine ganz besondere Fähigkeit."
„So, haben wir?" Jonathan sah Campanella neugierig an.
„Was denn für eine?"

„Na wenn ihr mal ... wie soll ich sagen ... wenn ein Spaten aus Versehen einen von euch trifft und er wird zerteilt, dann kann doch jede Hälfte für sich weiterleben."
„Ach, das meinst du." Enttäuscht ließ der Wurm den Kopf sinken. „Das stimmt zwar, aber wer will das schon – vom Spaten zerteilt, schrecklich!" Und er schüttelte sich vor Grauen von ganz vorn bis ganz hinten.
„Du sollst dich ja nicht vor einen Spaten werfen", beruhigte ihn die Elfe. „Aber du könntest dich teilen und dann wärst du nicht mehr alleine."
„Und wie soll das ohne Spaten funktionieren? Und so, dass es nicht wehtut?"
Wäre Jonathan nicht so ein ausgesprochen höflicher Regenwurm gewesen, hätte seine Frage wohl einfach gelautet: „Sag mal, spinnst du?", denn er fühlte sich von Campanella ein bisschen veräppelt.
So aber hörte er zu, was die Elfe ihm erklärte und in seinem kleinen Regenwurmherzen begann ganz langsam ein kleines Licht aufzuleuchten, das Licht der Hoffnung.

Campanella verstand sich nämlich wie alle Blumenelfen ein wenig aufs Zaubern und mit dieser Fähigkeit würde sie Jonathan von seiner Einsamkeit erlösen.
Doch auch der Wurm musste mitmachen.
Zuerst wand er sein hinteres Ende ganz fest um einen Löwenzahnstängel.
„Auf keinen Fall loslassen!", schärfte ihm Campanella ein.
Dann erklärte sie Siegbert Skarabäus, der inzwischen wieder zu ihnen gekrabbelt war, was er zu tun hatte.
Der Mistkäfer sollte Jonathans vorderes Ende zwischen seine Hinterbeine klemmen und dann mit aller Kraft seiner übrigen vier Beine loslaufen. Jonathan würde in die Länge gezogen werden wie ein Gummiband und wenn er in der Mitte dünn geworden wäre, würde Campanella

einen Zauber sprechen und aus einem Regenwurm würden zwei werden.
„Na dann mal los!" Siegbert stellte sich vor Jonathan auf. „Bist du bereit?"
Der Wurm nickte tapfer, obwohl er immer noch ziemliche Angst hatte.
Aber der Wunsch, nicht mehr einsam zu sein, war stärker.
Er hob seinen Kopf und sagte: „Pack an und zieh!"
Die kräftigen Hinterbeine des Mistkäfers griffen zu, Jonathan kniff die Augen zusammen und es ging los.
Es war ein komisches Gefühl, doch es tat wirklich gar nicht weh.
Weiter und weiter nach vorn krabbelte der Käfer und Jonathan wurde länger und in der Mitte immer dünner.

Als er schon ein bisschen befürchtete, es würde doch nicht funktionieren, hörte er auf einmal Campanellas helle Stimme, die ein Zauberwort rief.
Ein heißes Zucken fuhr durch seine Mitte, etwas riss und Siegbert und Jonathan kullerten in wildem Durcheinander nach vorn.
Als sie sich aufgerappelt und auseinander sortiert hatten, kroch Jonathan, so schnell er konnte, zurück. Dass er jetzt nur noch halb so lang war wie vorher, störte ihn überhaupt nicht, er hatte keine Schmerzen und war nur schrecklich aufgeregt.

Beim Löwenzahnstängel kniete Campanella und neben ihr lag ein hübsches rosiges Regenwürmchen. Es war ein wenig kleiner als Jonathan, und als der genau hinsah ...
„Ja, du hast Recht." Die Elfe sah ihn schuldbewusst an.
„Ich habe irgendwas verwechselt beim Zaubern und nun ist es ein Mädchen geworden."
„Aber ... aber das macht überhaupt nichts!" Jonathan konnte sein Glück kaum fassen.
„Eine Freundin, das ist doch ... das ist einfach toll!"
Er betrachtete die neue Würmin genauer, und auch sie schien ziemlich an ihm interessiert.
Sie blinzelte ihm zu, als sie ihm sagte, sie heiße Johanna und sie freue sich schon sehr darauf, mit ihm gemeinsam in die feuchte, dunkle Erde zu tauchen.
Darauf freute sich Jonathan natürlich mindestens genau so sehr.
Er bedankte sich überschwänglich bei Campanella und Siegbert und verschwand dann Seite an Seite mit seiner neuen Freundin unter den Gänseblümchenblättern.
„Mutiger Regenwurm." Siegbert Skarabäus sah den beiden nach. „Hätte nicht gedacht, dass er sich traut."
Campanella lächelte.

„Ach Siegbert, du würdest dich wundern, wenn du wüsstest, was man sich alles trauen kann, um nicht mehr einsam zu sein."
Sie kitzelte den Käfer mit ihren klitzekleinen Elfenfingern unterm Kinn, blinzelte ihm verschmitzt zu und schwirrte in Richtung Glockenblumen davon.

Keiner will mit Igeln kuscheln
Thomas Backus

Auf der Wiese ist nicht immer schönes Wetter. Gerade brach ein herrliches Sommergewitter hervor und alle Tiere huschten in ihre Behausungen. Ingo Igel beeilte sich besonders, denn Regen mochte er so gar nicht leiden. Er zog den Kopf tief zwischen die Schultern und rannte durch den Holunderstrauch, hinter dem die Höhle seiner Familie lag.
Aber in der Hast schlüpfte er in die Nachbarhöhle, wo eine Feldmaus mit ihren Jungen wohnte.
„Was macht ihr da?", fragte Ingo verwirrt.
„Wir schlafen, das sieht man doch", nuschelte eins der Mäusekinder müde
„Ihr schlaft? Aber warum so nah beieinander?"
„Wir kuscheln uns so eng aneinander, weil's so schön mollig warm ist", antwortete das Mäuschen und schlief schnell wieder ein.
„Aha", sagte Ingo. „Mollig warm." Ihm war nachts oft kalt, besonders an seinen kleinen Igelfüßchen fror er entsetzlich. „Andere Tiere, andere Sitten. Vielleicht sollte ich das auch mal probieren mit dem Kuscheln."
Er tapste zu den Mäusekindern und legte sich daneben.
„Jetzt kuschle ich mit!"
„Aua, aua, aua!"
Die Mäusekinder sprangen entsetzt auf. Irgendetwas piekste sie ganz fürchterlich. Es waren natürlich die Stacheln des Igels, die waren spitz wie Nadeln.
„Mach, dass du fortkommst!", schimpften die Mäusekinder. „Verschwinde!", schrie die Mäusemama.
Ingo zog den Kopf wieder zwischen die Schultern und ging hinaus in den Regen.

Ingo zog den Kopf wieder zwischen die Schultern und ging hinaus in den Regen. Der Regen war immer noch schlimm, aber geschimpft zu werden, das war viel, viel schlimmer. Dabei hatte er doch nur kuscheln wollen.

Ingo betrat nach einer kleinen Weile die Igelhöhle. Am Eingang schüttelte er die letzten Regentropfen aus seinem Stachelkleid, dann tapste er zu seiner Familie.
„Hallo Mama, hallo Papa", sagte er artig, während er seinem kleinen Bruder Jens auf die Schulter boxte. Das war nicht böse gemeint, Geschwister zeigen sich ihre Liebe zueinander oft, indem sie sich kabbeln. Ingo und sein Bruder liebten sich sehr. Zum Leidwesen von Mutter Kerstin, die diese Geschwisterliebe eindeutig zu laut fand.

„Hört auf zu kabbeln", sagte sie streng. „Gleich gibt es Abendessen!"
„Was gibt's denn, Mama?" fragte Jens.
„Saftige Birnen", antwortete die Mutter.
„Och, schon wieder Birnen!", jammerte Jens theatralisch.
Vater Bernd sagte: „Also ich mag Birnen. Besonders, wenn sie so saftig sind wie die von deiner Mutter!" Er gab ihr einen zärtlichen Kuss auf die Nase – dem fast einzigen Flecken am Körper eines Igels, wo keine Stacheln sind.
Mutter lächelte, und das erinnerte Ingo an das zufriedene Lächeln bei den kuschelnden Mäusekindern. „Ich war vorhin bei den Nachbarn", erzählte er. „Die haben sich ganz eng zusammengekuschelt."
„Zusammengekuschelt?", fragten die anderen ungläubig.
„Ja, die lagen ganz dicht beieinander. So Bauch an Bauch, oder Rücken an Rücken, manchmal auch Bauch an Rücken. Das sah ganz schön komisch aus, soll aber wunderbar mollig warm sein."
Leidenschaftlich ging er auf seine Mutter zu und umarmte sie heftig. „Mama, ich hab dich lieb!"
„Aua!", schrie Mama. „Aua!", schrie auch Ingo. Seine Mama hatte nämlich auch viele spitze Stacheln und die piekste ihn genauso, wie seine Stacheln die Mama piekste.
„Kuscheln ist nichts für Igel", sagte Vater. „Glaube mir, ich habe es versucht!" Er zwinkerte Mama zu, die plötzlich ganz rot im Gesicht wurde.
„Aber ich will es auch warm haben, ich will auch kuscheln!", schrie Ingo und lief aus der Höhle. Irgendwo auf dieser großen Welt musste es doch jemanden geben, der mit Igeln kuscheln wollte.
Ingo lief also über die Wiese und fragte das Kaninchen: „Willst du mit mir kuscheln?"

„Du hast sie nicht mehr alle!", schimpfte das Kaninchen. „Niemand will mit Igeln kuscheln. Die sind viel zu stachelig, das weiß doch jeder!"
Traurig tapste Ingo weiter. Er fragte die Schnecke, den Salamander, einen Grashüpfer. Keiner wollte mit ihm kuscheln. Dann lief er in den Wald. Er fragte ein Eichhörnchen, einen Raben und einen Fuchs. Der Fuchs sagte: „Aber gerne will ich mit dir kuscheln. Ich kuschle für mein Leben gern. Leg dich doch auf den Rücken und ich kuschle dich am Bauch."
Dabei lief ihm aber das Wasser im Munde zusammen, so dass Ingo zu Recht Angst hatte, gleich gefressen zu werden. Er kugelte sich nach Igelart zu einem Stachelball zusammen. Jetzt konnte der Fuchs ihn nicht fressen. Manchmal war es ganz schön praktisch, Stacheln zu haben.
Es gab viele Tiere im Wald, vor denen ihn seine Eltern gewarnt hatten. Der Fuchs gehörte dazu und der Iltis, das Frettchen, die Ringelnatter. Er beschloss, solche Tiere nicht mehr zu fragen.
Dann sah er ein komisches Tier. Einen laufenden Stein. So etwas hatte er noch nie gesehen. „Was bist du für ein Tier?", fragte er höflich.
„Ich bin Selma, eine Schildkröte", antwortete das Tier.
„Du siehst aus wie ein Stein", sagte Ingo und hoffte, dass er die Schildkröte jetzt nicht beleidigt hatte.
Aber die Schildkröte lachte vergnügt. „Das ist mein Haus. Ich trage es immer mit mir herum, so wie eine Schnecke. Nur dass mein Haus viel gemütlicher ist."
„Aha", sagte Ingo.
„Was machst du denn so allein im Wald, Kind?", fragte Selma.
„Na ja, ich suche …", irgendwie war Ingo die Sache jetzt ziemlich peinlich. „Ich suche jemanden zum Kuscheln."

„Oho, so ein netter Junge wie du wird doch jemanden finden, der mit ihm kuscheln will, oder nicht?"
„Nein, keiner will mit Igeln kuscheln", sagte Ingo kleinlaut. „Wir pieksen."
„Dann komm mal her, Kleiner. Ich kuschle gerne mit dir. Mir machen deine Stacheln nichts aus, ich habe einen dicken Panzer." Selma drückte Ingo an ihre Brust.
Ingo war glücklich, endlich wollte jemand mit ihm kuscheln. Aber der Panzer der Schildkröte war nicht nur hart wie Stein, er war auch so kalt.
Ingo bibberte, hielt aber noch immer die Schildkröte umklammert.
„Was ist los, mein Kind?", fragte Selma. „Macht es dir keinen Spaß?"
„Doch, doch", versicherte Ingo. „Es ist nur … eigentlich sollte mir jetzt mollig warm werden!"
„Oh, ich verstehe!" Selma grinste verschmitzt. „Na, alles kann man nicht haben. Das wäre ja auch viel zu viel. Aber ich habe da was für dich." Sie kroch in ihr Haus und kam mit einem bunten Kissen wieder zum Vorschein.
„Das ist ein Nadelkissen", sagte sie. „Mit dem kannst Du jederzeit kuscheln, und es ist mollig warm!"
„Danke!", schrie Ingo voller Freude. „Du bist die beste Schildkröte der Welt!"
Er umarmte Selma nochmals ganz fest. Dann kuschelte er sich an das Kissen.
„Das ist klasse! Das muss ich sofort meiner Mama zeigen … darf ich?"
„Ja klar, lauf, mein Kind!", nickte Selma. Aber Ingo hörte sie nicht mehr, er war schon losgelaufen, sein Kuschelkissen hatte er ganz fest an sein Herz gedrückt … und ihm war herrlich mollig warm!

Kleine Tiere, große Freundschaft
Birgit Kleimaier

Fußl war ein kleiner Tausendfüßler. Na ja, wenn man es genau nahm, hatte er gar keine tausend Füße. Aber es waren genug, dass er jeden Morgen sehr früh aufstehen musste. Viel früher als alle seine Freunde, denn wenn er rechtzeitig in der Schule sein wollte, hatte er ganz schön viele Schuhe zu binden. Er war schon oft deswegen zu spät in den Unterricht bei Frau Spinne gekommen, weil sich manchmal die ganzen Schuhbändel einfach miteinander verknoteten. Aber Frau Spinne war immer sehr nett und meinte nur: „Ach Fußl, du tust mir leid. Du armer Kerl, mir reichen meine acht Beine ja schon." Darum bekam er auch nie eine Strafarbeit von ihr, wenn er einmal zu spät kam. So störend seine vielen Füße beim Schuhe anziehen auch waren, so nützlich waren sie beim Fußballspielen mit seinen Freunden. Er war der beste Stürmer mit den meisten Toren auf der ganzen Märchenwiese. Fußballspielen war Fußls Lieblingsbeschäftigung, aber nicht nur, weil er so gut darin war, sondern weil er mit seinen Freunden soviel Spaß dabei hatte. Nur Schleimi, Fußls Schneckenfreund, mochte das Ballspiel nicht so gerne, weil er meistens nicht mit den anderen Schritt halten konnte. Oft saßen die Freunde von der Wiese auch einfach nur zusammen um ein Lagerfeuer und erzählten sich Gruselgeschichten. Wenn Fußl sich aber die Füße am Feuer wärmen wollte, protestierten die anderen dagegen, denn bis er sich so zusammengerollt hatte, dass alle seine Füße warm wurden, hatten alle anderen keinen Platz mehr am Feuer.
Wenn Fußl gerade mal nicht mit seinen Freunden unterwegs war, saß er gerne daheim in seinem Zimmer

und las Bücher. Am liebsten welche über kleine Tausendfüßler und Käfer, die große Abenteuer erlebten. Oder er spielte mit seinem Papa Tischtennis, wobei Fußl meistens gewann, weil er sich auf die Kante der Platte legte und kein Ball mehr an ihm vorbei kam, während sein Papa ganz normal im Stehen spielte. Dem machte es aber gar nichts aus, gegen seinen Sohn zu verlieren, denn wenn er sah, wie Fußl sich jedes Mal freute, freute er sich einfach mit. Er versuchte Fußls sportliches Talent zu fördern, und so ging er oft mit zum Sportplatz und schaute sich die Fußballspiele seines Sohnes in der Juniorenmannschaft des FC Märchenwiese 06 an.

Und endlich war es wieder einmal so weit, der FC Märchenwiese 06 hatte ein Spiel gegen den SV Dorfteich und alle stellten sich auf eine spannende Begegnung ein. Natürlich war auch Papa Tausendfüßler wieder dabei, um Fußl und den Rest der Mannschaft kräftig anzufeuern. Die beiden Teams kamen aus den Kabinen und schon sollte das Spiel losgehen. Bis zur Halbzeitpause führte der FC Märchenwiese dank der zwei Tore, die Fußl geschossen hatte, mit 2:0, doch als es nach der Pause weiterging, passierte es auf einmal. Ein Frosch des SV Dorfteich stellte Fußl ein Bein, über das dieser prompt stolperte und hinfiel. Der kleine Tausendfüßler blieb wienend und jammernd liegen, bis sein Papa, Dr. Brummer und noch einige andere, die dem Spiel zugesehen hatten, aufs Feld gelaufen kamen, um zu sehen, was mit ihm war. Schnell stand fest, der kleine Tausendfüßler hatte sich bei dem Sturz ein Bein gebrochen. Das Problem war nur, dass Fußl solche Schmerzen hatte, dass er gar nicht genau sagen konnte, welches seiner vielen Beinchen so wehtat. Seinem Papa blieb also nichts anderes übrig, als ihn erst mal ins Krankenhaus zu bringen und dort ein Bein nach dem anderen abzutasten, um herauszufinden, welches denn nun das gebrochene war.

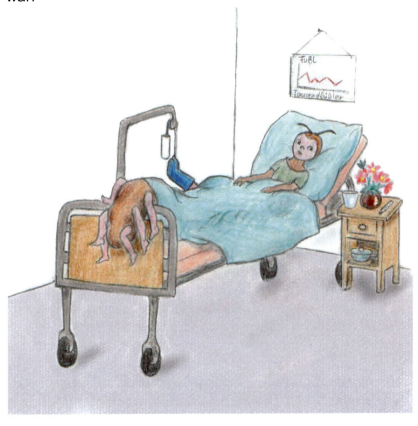

Doch endlich hatten sie es gefunden und so bekam Fußl einen schönen, bunten Gips und einen Lutscher, und schon schmerzte das Beinchen überhaupt nicht mehr. Blöde war nur, dass das eingegipste Bein genau in der Mitte war und so wurde das Laufen für den kleinen Tausendfüßler doch ganz schön anstrengend. Oft stieß er sich die Zehen eines hinteren Fußes am Gips an, was jedes Mal ziemlich unangenehm war. Bald waren seine

kleinen Zehen ganz rot und dick geworden und so hatten seine Eltern beschlossen, ihn nicht in die Schule zu schicken, bis sein gebrochenes Bein wieder geheilt war, um ihm weitere Schmerzen zu ersparen. Jeden Tag kam ihn ein anderer seiner Freunde besuchen, um ihm die Hausaufgaben vorbei zu bringen, doch sie mussten selbst alle ihre Aufgaben erledigen und so konnten sie nicht lange bleiben. Fußl langweilte sich schrecklich zu Hause, er hatte schon die beiden neuen Bücher gelesen, die er bekommen hatte, um die Zeit, bis er wieder gesund war, abzukürzen. Jetzt war er mit ihnen bereits fertig und der Gips musste immer noch vier Wochen dran bleiben. Was sollte er denn jetzt noch tun? Er konnte ja nicht spielen gehen und immer nur lesen, das machte auf Dauer auch keinen Spaß. Das einzige, was die Langeweile für kurze Zeit vertreiben konnte, war, wenn sein Papa ihm aus der Zeitung vorlas, wie die Juniorenmannschaft des FC Märchenwiese ohne ihn gespielt hatte. Doch die Ergebnisse waren nicht sehr erfreulich, das Team hatte alle Spiele verloren. Daran änderte sich auch nichts, als Fußl seinen Freunden einen Brief schrieb, um diese zu motivieren - ohne ihn ging es einfach nicht. Als sie die Meisterschaft schon beinahe als verloren ansahen, war es dann endlich soweit: Fußls Bein war ganz gesund.
Der kleine Tausendfüßler konnte zur Schule gehen und auch das Fußballspielen hatte ihm der Arzt erlaubt, gerade rechtzeitig für die letzten beiden Spiele. Diese Spiele mussten die Freunde vom FC Märchenwiese unbedingt gewinnen, um Wald- und Wiesenmeister zu werden, und nachdem Fußl wieder dabei war, schien es, als wären alle entschlossener als jemals zuvor, diesen Titel zu gewinnen. Es sollte nicht einfach werden, doch das erste ihrer beiden Finalspiele schafften sie mit 2:1. Fußl hatte dieses Mal nur ein Tor geschossen und man merkte ihm

an, dass er etwas Angst hatte. Das war aber auch kein Wunder nach dem, was ihm im letzten Spiel passiert war. In der Besprechung nach der Begegnung mahnte der Trainer alle, dass sie auch nächstes Mal ihr Bestes geben müssten, um den Titel zu holen und dass sie noch mehr Einsatz zeigen sollten als in diesem Spiel. Nachdem er alle anderen nach Hause geschickt hatte, redete er noch einmal mit Fußl allein, denn der Trainer hatte dessen Vorsicht natürlich erkannt. Er machte dem kleinen Tausendfüßler Mut und sagte ihm, dass er ihn gut verstehen könne, dass er aber seine Angst überwinden müsse, denn sonst würde er nie wieder der Spitzenstürmer werden, der er vor seinem Unfall gewesen war. Das wollte Fußl natürlich nicht, und so gingen ihm die Worte des Trainers noch die ganze Woche durch den Kopf und er dachte viel darüber nach.
Doch dann war der Tag des letzten Spieles gekommen und Fußl hatte es, dank seines Trainers, tatsächlich geschafft, seine anfängliche Angst abzulegen und hatte wieder so gut gespielt wie vor seinem Beinbruch. So konnte der FC Märchenwiese 06 das Spiel mit 4:1 und damit auch die jährliche Wald- und Wiesenmeisterschaft der Junioren gewinnen. Erneut war es Fußl gewesen, der in seiner wiedergefundenen Stärke drei Tore geschossen hatte, und so kam es, dass die Mannschaft, die sich so freute, ihn wieder zu haben, sich nach dem Spiel in einem Kreis um ihn versammelte. Fußl war völlig überrascht und wusste nicht, was ihn erwartete, als der Trainer auf ihn zukam und ihm, ohne etwas zu sagen, vierundachtzig Schienbeinschoner in einem Karton überreichte. Alle seine Freunde hatten für ihn gesammelt und ihm diese Schoner gekauft, die dafür sorgen sollten, dass er sich nie mehr eines seiner 84 Beinchen brechen konnte. Der kleine Tausendfüßler hatte sich solche Schoner

schon lange gewünscht, nur waren die für seine Eltern immer zu teuer gewesen, da sie gleich so viele auf einmal hätten kaufen müssen. Fußl war so gerührt, dass er weinen musste, als er sich bei allen für das tolle Geschenk bedankte. Ausnahmsweise durften heute zur Feier des Tages alle kleinen Fußballstars länger aufbleiben, und so feierten die Freunde vom FC Märchenwiese mit ihren Eltern noch bis in den späten Abend hinein ihre Meisterschaft.

Und Fußl war nicht nur der beste Torschütze, sondern auch der glücklichste kleine Tausendfüßler auf der ganzen Wiese. Diese Wald- und Wiesenmeisterschaft sollte für die Juniorenmannschaft des FC Märchenwiese nicht die letzte gewesen sein, denn ihr Spitzenstürmer trug ab sofort bei jedem Spiel seine Schienbeinschoner und war mit diesen noch torgefährlicher als jemals zuvor.

Die neuen Abenteuer von Klaus Stubenfliege
Thomas Backus

Es war ein herrlicher Sommer. Die Gänseblümchen blühten, dass es eine Freude war und überall stand saftiger Klee auf der Wiese. Das freute die Kühe, die so gerne Klee fraßen. Sie waren glücklich und gaben besonders gute Milch, was wiederum den Bauern sehr glücklich machte.
Über den Kühen sirrten hunderte von Fliegen dahin. Sie waren alle Geschwister. „Komm, Klaus, lass uns um die Wette fliegen!", riefen sie.

Aber Klaus hatte keine Lust. Jeden Tag dieselben Spiele spielen war ihm auf Dauer langweilig. Er wollte auch mal etwas anderes machen.
„Fliegt ihr nur um die Wette", sagte er. „Ich habe heute was Besseres vor!"
„Was besseres? Ja, was denn?", fragten die anderen Fliegen. Aber Klaus hörte sie nicht mehr, er war schon losgeflogen, um neue Abenteuer zu erleben.
Die Wiese war riesig. Hier gab es herrlich viel zu sehen. Dinge, die er vorher nie bewusst bemerkt hatte. Da waren erstmal tausend tolle Blumen, die dufteten superklasse. Und Schmetterlinge in allen Farben, die in der Sonne tanzten und von Blüte zu Blüte flogen. „Hey Schmetterling, willst du mit mir spielen?", fragte Klaus ganz aufgeregt.
Aber der Schmetterling schaute nur mal kurz auf. Er fand es noch nicht einmal nötig, zu antworten. Mit einer gewöhnlichen Stubenfliege gab er sich nicht ab. Das war unter seinem Niveau.

Klaus fand ihn ganz schön eingebildet, aber so sind sie, die Schmetterlinge, da kann man nichts machen.
Es gab ja noch andere Insekten auf der Wiese.
Die fleißigen Bienen huschten auch von Blüte zu Blüte, aber sie waren immer im Stress.
"Nein, ich kann nicht mit dir spielen", sagte jede von ihnen. „Ich habe noch so viel zu tun. Ich muss Honig sammeln und später noch Waben bauen und die Brut pflegen. Ja, wir Bienen haben schon ordentlich was zu tun. Aber jetzt muss ich weiter. Herrje, die Blüte da vorne ist ja voller Honig! Wie soll ich das nur alleine schaffen ..."
So ging das den ganzen Tag. Niemand hatte Zeit für Klaus.

Die Ameisen hüteten Blattläuse. Sobald Klaus näher kam, drohten sie, ihn mit Ameisensäure zu beschießen.
Nein, das waren keine Kameraden zum Spielen.
„Hey, wollt ihr nicht mit mir spielen?", fragte er die Marienkäfer. „Hau bloß ab! Siehst du nicht, dass wir uns an die Blattläuse ranschleichen? Hey, jetzt haben sie uns entdeckt, danke schön auch!"
Zuerst freute sich Klaus, dass sie sich bei ihm bedankt hatten, aber sie hatten es in einer Tonart gesagt, dass es gar nicht wie ein echtes Dankeschön klang. Er verstand sie nicht, die Marienkäfer. Anscheinend spielten sie mit den Blattläusen Verstecken, da wollte er nicht stören.
Eine fette Raupe fraß sich durch ein besonders saftiges Blatt. Sie sprach mit vollem Mund: „Klarpf kannpf ichpf mitpf dirpf spielenpf – spielenpf wirpf dochpf Wettfressenpf. Werpf diepf meistenpf Blätterpf frisstpf hatpf gewonnenpf..."
Wettessen? Das Spiel kannte er noch gar nicht, das wollte er gerne mal versuchen. Klaus biss begeistert in eines der Blätter. Mpf. Er spuckte das Gegessene schnell wie-

der aus. Das schmeckte ja fürchterlich! „Wollen wir nicht was anderes spielen?", fragte er enttäuscht.
Nmpf!", antwortete die Raupe und das hieß wohl „*Nein.*"

Klaus flog weiter, drehte einen wundervollen Looping in der Luft. Aber das machte eigentlich nur Spaß, wenn auch einer zusah und applaudierte.

Mit einer Hummel wollte Klaus Wettfliegen spielen, aber die war so dick, dass sie ständig schnaufte und nicht hinterher kam.

So langsam wurde es dunkel und die Glühwürmchen tanzten mit ihren Lichtern vor der Hecke. Klaus schaute gebannt zu. Das war ja so schön. Jetzt war er nicht mehr ganz so enttäuscht, als er zu seinen Geschwistern zurückflog, die gerade mit den Eltern zusammen auf einem Kuhfladen saßen und Abendbrot aßen.

„Na, hast du viel erlebt?", fragten die anderen Fliegen neugierig.

„Irgendwie schon", sagte Klaus. „Aber morgen spiele ich wieder mit euch Wettfliegen!" Er freute sich, dass er so viele Geschwister hatte, mit denen er jederzeit spielen konnte, dann schlief er lächelnd ein.

Beinlos glücklich
Saskia V. Burmeister

Die große grüne Wiese mit dem kristallklaren Teich war an diesem Morgen noch mit einem Nebelschleier bedeckt, als Elvira dort eintraf. Staunend besah sie sich ihre neue Heimat mit dem nah gelegenen Wäldchen. Sie war weit gereist und auf Anhieb wusste sie, dass die Mühen sich gelohnt hatten. Hier würde es ihr sicherlich gefallen! Sie reckte und streckte ihren länglichen Körper mit den rot-bräunlichen Schuppen. Elvira war nämlich eine Blindschleiche, müsst ihr wissen. Sie sah zwar aus wie eine zierliche Schlange, war aber eine freundliche Eidechse. Beinlos glücklich, das war ihr Leitspruch. Blind war sie übrigens auch keineswegs, sondern eher „blendend". Ihre Schuppen besaßen einen metallischen Glanz, wenn die Sonne auf sie schien. Trotzdem war sie keinesfalls eitel.
Sie schlängelte noch ein wenig näher an den Teich heran und machte es sich dann erst einmal auf einem vom Tau feuchten Moospolster gemütlich. Die lange Reise hatte sie erschöpft und so schlief sie ein Weilchen.
Der Nebel hatte sich schon lange verzogen, als sie wieder erwachte, und am Teich tobte das Leben. Die Unken munkelten, die Frösche sprangen wie kleine Akrobaten ins Wasser, die Libellen schwirrten durch die Luft, die Fische drehten Pirouetten und all die anderen Bewohner des Teiches taten auch gerade das, was ihnen Spaß machte. Elvira war begeistert von dem bunten Treiben. Eilig schlängelte sie zum Wasser hin. „Hallo ihr Lieben!", rief sie, als sie nahe genug war. „Ich bin ...", weiter kam sie nicht, denn sämtliche Tiere stoben erschrocken auseinander, als hätten sie ein Gespenst gesehen!

Die Wasserbewohner tauchten ab und all die anderen Tiere versteckten sich in ihren Erdhöhlen oder im Gras. Die kleine Blindschleiche war wie erstarrt. Was hatte sie denn nur falsch gemacht? Warum nahmen alle vor ihr Reißaus? Sie konnte das nicht verstehen. Angestrengt horchte sie in die Stille hinein, doch niemand rührte sich, um sie willkommen zu heißen. Offenbar wollte man sie hier nicht haben.

Tief bestürzt machte Elvira kehrt und kroch zu ihrem Moospolster zurück, wo sie viele bitterliche Tränen weinte. Die Wiese war so paradiesisch schön, aber wenn man sie hier nicht haben mochte, dann konnte sie auch nicht bleiben. Das war ihr bewusst, doch wo sollte sie hin? Einen zweiten Ort, der so idyllisch war, den würde sie auf der ganzen weiten Welt nicht finden. „Was soll ich denn jetzt nur tun?", klagte sie, als sie ein leises Quaken vernahm. Mit verschwommenem Blick sah sie auf und einem kleinen Fröschlein mitten ins Gesicht. Der freche Winzling war hier als Gisbert wohl bekannt. Er war so neugierig wie kein zweites Tier im Umkreis von mehreren Tagesmärschen. „Hallo, du da!", quakte er Elvira an. „Warum liegst du denn hier so schlapp im Moos und weinst dicke Kullertränen?" Elvira musste sich erst einmal schnäuzen, bevor sie ihm antworten konnte. Sie erzählte dem kleinen Wicht die ganze schreckliche Geschichte. Gisbert, der ein ausgesprochener Langschläfer und daher vorhin nicht dabei gewesen war, verstand ihr Problem auf Anhieb. „So so!", rief er und grinste. Elvira sah ihn fragend an, sie fand das gar nicht komisch. „Sie haben Angst vor dir", schlussfolgerte ihr Gegenüber. „Ist doch ganz klar!" Die kleine Blindschleiche wurde noch verwirrter. Aber warum denn das? Sie hatte doch niemandem etwas getan! Gisbert betrachtete sie von vorne nach hinten und wieder zurück. „Sie halten dich für eine Schlange, das ist das Problem." Elviras Augen weiteten sich vor Schreck.

„Ich bin aber keine Schlange! Ich bin eine Blindschleiche!" Der junge Frosch verstand, jedoch hatte man hier am Teich noch niemals zuvor eine Blindschleiche gesehen.

Nach reiflicher Überlegung entschied Gisbert, der neuen Freundin zu helfen und die anderen Teichbewohner aufzuklären.

„Folge mir!" Das Fröschchen hüpfte voran und Elvira kroch langsam hinterher.

Um sich bei allen Gehör zu verschaffen, kletterte Gisbert auf einen Stein in der Nähe des Teichufers. Mit seiner lauten Stimme rief er nach den Einheimischen. Nach und nach kamen sie aus ihren Verstecken. Die Molche schwammen an die Wasseroberfläche, Käfer und Würmer steckten ihre Köpfe aus dem Erdreich. Gisbert wartete so lange, bis alle erschienen waren. Alsdann bat er Elvira zu sich. Vorsichtig kroch die kleine Blindschleiche neben ihn auf den Stein. Die Kröten, Libellen, Schmetterlinge und all die anderen Anwesenden waren entsetzt. Alle begannen wild durcheinander zu rufen und viele forderten Gisbert auf, sich schnell in Sicherheit zu bringen. Der Frosch kullerte mit den Augen, als das Getöse immer lauter wurde und patschte lautstark mit dem rechten Hinterfuß auf den Felsen. „Ruhe!", verlangte er und die Tiere verstummten. „Das ist Elvira, sie ist keine Schlange, sondern eine beinlos glückliche Eidechse!" Die Augen der Anwesenden wurden immer größer und einige wurden sogar ganz blass. Elvira bekam ein seltsames Gefühl in der Magengegend, doch diesmal war sie nicht der Auslöser für die Panik. Nein, in dem ganzen Getümmel war unweit eine große graue Krähe gelandet. Sie war sehr hungrig und der Frosch, der da auf dem Stein wie auf dem Präsentierteller hockte, kam ihr gerade recht.

„Nun guckt doch nicht so!", quakte Gisbert weiter, der von der Gefahr überhaupt nichts bemerkte. „Sie wird niemanden von euch fressen!" Die Krähe kam unterdes noch näher, sie freute sich schon richtig auf den grünen Appetithappen. In diesem Moment drehte Elvira leicht den Kopf nach hinten, denn sie fühlte sich beobachtet. Ihr Entsetzen war groß, als sie den hungrigen Vogel erblickte, doch im Gegensatz zu den anderen erstarrte sie nicht vor Schreck. Im Gegenteil, beherzt stieß sie Gisbert den Kopf in die Seite. Empört quakend verlor der Frosch das Gleichgewicht und kippte vom Stein in das Gras. „He! Was soll denn das?", schimpfte er wie ein Rohrspatz, doch da sah auch er die Krähe. Ihm verschlug es die Sprache, denn im Schnabel des Vogels wand sich ein rötlich-brauner Schwanz. Gierig schlang die Krähe ihn hinunter, danach drehte sie sich herum und flog davon. Ihr Hunger war erst einmal gestillt.

Am Teich hätte man eine Feder zu Boden fallen hören können, so still war es. Elvira hatte ihrem Froschfreund das Leben gerettet. Tränen stiegen ihm in die Augen und die anderen Teichbewohner begannen sich fürchterlich zu schämen. Keine böse Schlange hätte so selbstlos gehandelt.
„Ist der Gierschnabel weg?" Gisbert zuckte zusammen, ein schmaler Kopf erschien aus dem Gras und Elvira kam zu ihm auf den Stein gekrochen. Er konnte seine Freude darüber, dass sie lebte, gar nicht in Worte fassen! Trotzdem sah er sie fragend an, was zum Kuckuck hatte die Krähe da gefressen? Elvira lächelte ein wenig schief und zeigte ihm ihr gekürztes Ende. Blindschleichen können bei Gefahr nämlich ihren Schwanz abwerfen. So retteten sie sich schon manchmal das Leben und lenkten ihre Feinde ab.

Die anderen Teichbewohner staunten Bauklötze; so viel Heldenmut hatte man hier schon lange nicht mehr gesehen! Das musste natürlich belohnt werden. Gisbert drückte der Blindschleiche einen dicken Kuss auf die Schnauze. Elvira wurde ganz rot und kniff beschämt die Augen zu. Wer bis jetzt noch gezweifelt hatte, dem lieferte dies nun den Beweis: Elvira konnte gar keine Schlange sein, denn die besaßen keine Augenlider.

Erneut brach ein Tumult aus, diesmal war der Anlass aber erfreulich. Um ihr schlechtes Benehmen wieder gut zu machen, stellten die Tiere flugs das schönste Willkommensfest auf die Beine, das man hier je gesehen hatte. Elvira war zu Tränen gerührt und ihr erster Eindruck verfestigte sich: Hier konnte sie glücklich leben!

Der Angeberfrosch
Thomas Backus

Es war einmal an einem wunderschönen Teich. Die Mücken sirrten und die Frösche fingen die Mücken. Alles war toll. Die Frösche hatten sich schnell satt gefressen und quakten vergnügt.
Da hüpfte ein neuer Frosch heran. Ein großer, fetter Frosch. Er hüpfte direkt auf Sven zu, blies sich auf und quakte: „Ich bin Django und ich kann mehr Mücken fangen als jeder andere Frosch! Los, Mückenwettfangen!" Und er ließ seine Zuge hervorschnellen, weil gerade eine besonders saftige Mücke vorbei flog. Sven war zwar mit Abstand der kleinste Frosch am Teich, aber er war auf Zack. Ehe sich der Neue versah, hatte Sven ihm die Mücke vor der Nase weggeschnappt. Svens Zunge war so schnell, dass man sie nicht einmal sah. Nur die Mücke, die war plötzlich weg und Sven kaute vergnügt.
„Na ja", sagte Django. „Anfängerglück. Aber ich kann auch schneller und weiter hüpfen als alle anderen Frösche! Los, Wetthüpfen, bis zum Seerosenblatt und zurück!"
Er hüpfte auch sofort los, während Sven sich noch mal gemütlich räkelte. Dann hüpfte der Kleine los, überholte Django, machte auf dem Seerosenblatt einen Salto und hüpfte zurück. Er fraß ganze drei Mücken, bevor Django zurückkam.
„Zufall!", japste Django, der noch immer außer Atem war. „Aber ich kann auch schneller schwimmen als jeder andere Frosch! Los, Wettschwimmen, bis zum anderen Ufer und zurück!" Sagte es, hüpfte in den Teich und schwamm los.

Sven schwamm ganz gemütlich, überholte aber schon sehr bald den fetten Django.
Der hatte darauf nur gewartet und drehte einfach um. Ihm war klar, dass er nicht gegen Sven gewinnen konnte und er mogelte.
Sven war das egal, er schwamm bis zum anderen Ufer, fraß eine Mücke und machte sich auf den Heimweg. Ganz lässig kletterte er aus dem Wasser und setzte sich an seinen Stammplatz.
„Gewonnen, ich habe gewonnen!", quakte Django und hüpfte von einem Bein auf das andere.
„Ich bin ein Gewinnertyp!"
Plötzlich hüpften alle Frösche ins Wasser und tauchten unter. Der Storch hatte nämlich Appetit auf Froschschenkel bekommen. „Ich bin besser als alle anderen Frösche!" Django quakte immer noch laut vor sich hin, so laut, dass er den Storch nicht kommen hörte. Der Storch hingegen hörte Django wohl. Er schnappte sich einfach den Angeberfrosch.
Aber dann kam Sven und trat dem Storch gefährlich gegen das Schienbein. Vor Schmerz riss dieser den Schnabel auf und ließ Django wieder fallen. Die beiden Frösche hüpften ins Wasser und schwammen schnell davon.
Dass ihn beinahe der Storch gefressen hatte, war Django eine Lehre; er hörte auf mit dem angeberischen Gequake. Angeben hatte er nicht mehr nötig, er hatte jetzt einen Freund, und da war es gar nicht mehr so wichtig, dass man mehr Mücken fangen, schneller und weiter hüpfen oder schneller schwimmen kann. Hauptsache, man tut diese Dinge gemeinsam.

Bienengebrumm
Ina May

Brrrummmm und Hallo,
ich bin eine dicke Biene namens Gesine.
Ich liebe den Sommer am allermeisten.
Und wisst ihr auch, warrrummmm?
Dann kann ich summen und schwirren und fliegen,
mich stürzen in die schönsten Blütenkelche,
welche niemals versiegen,
mich einmummeln in grüne Blätter
und bleibe auch mal zu Hause, je nach Wetter.

Brrrummmm und Hallo,
ich, die dicke Biene Gesine,
habe eine dünne Schwester namens Hester.
Sie liebt den Winter am allermeisten.
Und wisst ihr auch, warrrummmm?
Dann kann sie faulenzen, sich pelzen und wälzen,
ihre Kuscheldecke pflegen,
sich am verbotenen Honigtopf vergreifen,
doch ich werde sie deshalb nicht verpfeifen.

Brrrummmm und Hallo,
ich, die dicke Biene Gesine,
habe einen lieben Adoptivbruder namens Ruger.
Der liebt den Herbst am allermeisten.
Und wisst ihr auch, warrrummmm?
Dann kann er die Gegend im Nebel erkunden,
oder gleich die halbe Welt umrunden,
im Strom der luftigen Blätter treiben,
irgendwo landen und dort bleiben
für eine kleine Weile,
denn er ist nie in Eile.

Brrrummmm und Hallo,
ich, die dicke Biene Gesine,
habe eine stumme Cousine namens Line.
Sie liebt den Frühling am allermeisten.
Und wisst ihr auch, warrrummmm?
Sie kann es nicht sagen,
doch dafür mit den Flügeln schlagen –
eins zwei, eins zwei, und noch mal drei,
das bedeutet: So schön ist's im Mai.

Not macht erfinderisch
Brigitte Daniel

Der Winter breitete eine weiße Decke über die Felder und Wiesen. Die Tannen und Fichten lugten in ihren dicken, wärmenden Schneemänteln nur vorsichtig in die kalte Nacht. Hoch oben, im hohlen Stamm der Föhre, hatten sich die beiden Eichhörnchen Terra und Cotta ihren Winterkobel gemütlich eingerichtet. Ein Specht hatte die Vorarbeit dafür geleistet und bei seiner Suche nach Insekten eine kleine Höhle in den Stamm gehackt. Terra döste noch, aber Cotta war hungrig und huschte leise den Stamm hinunter zur Vorratskammer. Die war randvoll gefüllt mit leckeren Nüssen, vitaminreichen Zapfen und knusprigen Bucheckern, die Lagerbestände reichten bestimmt für eine ganze Eichhörnchenmannschaft. „Man kann nie wissen, wie lang und kalt der Winter wird", war Cottas Devise, und sie sammelte im Herbst stets fleißig alles Nahrhafte ein. Sie packte zusammen, so viel sie tragen konnte und flitzte zurück zur Föhre. Beim Fuß des Baumes stolperte die sonst so geschickte Cotta und die Nüsse und Zapfen rollten in den Schnee. Erschrocken schaute sie sich um. Die Nacht war sternenklar und der helle Schnee reflektierte das Mondlicht. Ein Schatten bewegte sich. Mutig sprang Cotta näher und erhaschte Umbra, der sich gerade eine Nuss krallte und diese hinter seinem Rücken versteckte. „Was willst du denn hier?", fragte sie überrascht. „Ich habe Hunger", flüsterte er zitternd. „Ha, hättest du halt auch einen Vorrat angelegt wie jedes andere vernünftige Eichhörnchen auch", tadelte Cotta ihn. Umbra bebte am ganzen Leib. Cotta war sich nicht ganz sicher, ob er wegen der Kälte oder weil er auf

frischer Tat ertappt worden war, so bibberte. Aber das war auch egal. Ein Dieb ist ein Dieb und gehört bestraft. „Ich werde dich mit Schneebällen bewerfen", drohte Cotta und schaute ihn zornig an. „Oder soll ich dich lieber in eine aufgelassene Vorratskammer einsperren und ..., " Cotta schnappte nach Luft, vor lauter Aufregung leuchtete ihr roter Pelz noch intensiver als sonst. „Du könntest mich ja in eine volle Kammer sperren", schlug Umbra vor. „Das hättest du wohl gerne, du Faulpelz. Treibst dich den ganzen Sommer herum und meinst, im Winter kannst du andere beklauen."
„Was ist denn hier los?", meldete sich eine Stimme von oben. Terra war durch das Geschrei erwacht und schaute nach, ob er seiner Frau helfen sollte. Seinen buschigen Schwanz hatte er kräftig aufgeplustert. „Ich habe Umbra auf frischer Tat beim Nüsse stehlen erwischt. Zuerst hat er mir ein Bein gestellt und dann wollte er die Nüsse mitgehen lassen. Ich bin noch am Überlegen, wie ich ihn bestrafen soll", erklärte Cotta. „Ach so, Umbra", Terra war erleichtert. „Ich dachte schon, es wäre ein Marder. Hast du etwas zu deiner Verteidigung zu sagen?", fragte er den Übeltäter. Umbra zitterte noch mehr und stammelte nur: „N-nein. Ich habe so Hu-hunger und mir ist k-kalt." Terra, der wusste, dass seine Vorratskammer gut gefüllt war, grinste hämisch und sagte: „Gut, wenn du essen willst, musst du auch bezahlen."
„A-aber ich ha-ab doch nichts, m-mit was?"

Cottas Zorn war inzwischen etwas verraucht und sie bekam Mitleid mit dem bibbernden Eichhörnchen. „Okay, trag mir erst einmal die Nüsse und Zapfen den Stamm hinauf und ich hol noch ein paar, dann kannst du dich inzwischen aufwärmen und mit Terra über die Bezahlung diskutieren", lenkte sie nun ein. Umbra war erleichtert, sammelte rasch die verstreuten Samen auf und brachte sie hinauf. Terra füllte ihm eine Eichelschale voll Honigwein ein.

Den hatte er selber gebraut und war mächtig stolz darauf. Der süße Wein wärmte den zitternden Umbra und flößte ihm Mut ein. Schließlich meinte er: „Ich kann ja eine Geschichte zur Bezahlung erzählen." Terra trat von einem Bein auf das andere und schließlich sagte er: „Gute Idee, aber warte noch, bis Cotta zurück ist."
Cotta kam voll beladen zurück, richtete Bucheckern und Zapfen appetitlich an und stellte auch noch die selbst gemachte Wipfelmarmelade und den Pilzaufstrich dazu. „Mmmmh, lecker!" Umbra kaute mit vollen Backen und Terra freute sich schon auf die Geschichte.

Nachdem er sich den Bauch vollgeschlagen hatte, trank Umbra noch einen Schluck Honigwein und begann zu erzählen.

Vom Marienkäfer, der keine Punkte hatte

Coccinella saß auf einem Rosenblatt und weinte. Eine fette Blattlaus kroch an ihr vorüber, aber die bemerkte sie gar nicht. „He, was hast du denn?", fragte ich sie. Aber sie schluchzte und schniefte und brachte kein Wort heraus. Schließlich drehte sie sich von mir weg und da sah ich, dass sie keine Punkte auf ihrem roten Rücken hatte. Ein Marienkäfer ohne Punkte, wo gibt es denn so was?
„Ah, dir fehlen die Punkte", versuchte ich ihr entgegen zu kommen.
Sie nickte nur.
„Vielleicht solltest du zum Arzt gehen", schlug ich vor.
Coccinella putzte sich die Nase mit ihrem *gepunkteten* Taschentuch und seufzte: „Da war ich doch schon. Doktor Allwiss hat mir den Puls gefühlt. Den Bauch abgetastet, die Lunge und das Herz abgehört. Schließlich hat er noch ein paar Röntgenbilder von mir gemacht und dann gesagt, ich sei ganz und gar gesund. Er hat mir ein Rezept in die Hand gedrückt mit der Empfehlung, die runden Pillen regelmäßig um *Punkt* sieben Uhr zu schlucken und sich verabschiedet."
Ich wusste nicht recht, was ich sagen sollte, eigentlich war mir so ein *Käferpunktproblem* ziemlich fremd, aber ich wollte nicht unhöflich sein und erwiderte: „Du bist doch ein sehr hübscher Marienkäfer."
„Aber ich habe doch keine *Punkte* und ohne *Punkte* bin ich doch kein ganzer Käfer", seufzte Coccinella.

Ich suchte angestrengt nach einem *Gegenpunkt* und meinte: „Viele Käfer haben keine *Punkte*, sondern Streifen oder Flecken, oder glänzende, schillernde Rücken." Es war ein kläglicher Versuch, ihr Mut zu machen.

„Aber doch keine Marienkäfer", zischte sie mich an wie eine giftige Schlange und verteidigte hartnäckig ihren *Standpunkt*. „Ich war auch schon bei Madam Isswasgscheits, eine Freundin hat sie mir empfohlen. Sie hat mir den Bauchumfang gemessen und mich auf eine Waage gestellt und gesagt, ich soll mehr Blattläuse essen und schön abwechseln mit Mehltau und Pollen, die sind sehr vitaminreich und vor allem viel trinken. ‚Aber das mach ich doch schon‘, wollte ich mich verteidigen, doch Madam Isswasgscheits hat mir gar nicht zugehört und eine lange Liste ausgehändigt, wo *Punkt* für *Punkt* darauf stand, was ich essen darf und was nicht."

„Hmm", sagte ich nur, diese *punktierte* Angelegenheit überstieg mein Verständnis. Wahrscheinlich steht sie nur gern im *Mittelpunkt*, überlegte ich mir und suchte nach einer Ausrede, um mich aus dem Staub zu machen. Aber so schnell konnte ich gar nicht abhauen, da erzählte Coccinella schon weiter.

„Dann hat mir mein Nachbar, der an einem Hexenschuss litt, Frau *Punktgenau* empfohlen. ‚Die hat was drauf, die kann dir bestimmt helfen‘, hat er mir vorgeschwärmt. ‚Schau mich an, mein Hexenschuss ist ganz geheilt‘, und er stand schwungvoll auf, machte eine höfliche Verbeugung und reichte mir ihre Visitenkarte. Ich machte mich also auf zu Frau *Punktgenau* und wollte ihr mein Problem schildern.

‚Wo haben Sie Schmerzen?‘, fragte sie barsch. ‚Aber ich habe keine Schmerzen, sondern keine *Punkte*‘, brachte ich die Sache *auf den Punkt*. ‚Aha, dann legen Sie sich auf den Bauch‘, sie deutete mit dem Kopf auf die frisch bezogene Liege und ich legte mich artig darauf. Dann tastete sie mit ihren schlanken, kundigen Fingern meinen Rücken ab und piekste ein paar Nadeln in die *punktuell* richtigen Stellen. Nun musste ich ruhig liegen bleiben und nach einer Weile kam sie und drehte die Nadeln und ich musste wieder ausharren. Eine wohlklingende Musik vertrieb mir die Zeit. Danach entfernte sie die Nadeln und machte noch einen Termin für die nächste Behandlung aus, zu der ich *pünktlich* erscheinen sollte. Aber nach zehn *Akupunktursitzungen* war nicht einmal ein Schatten von einem *Punkt* zu sehen. Auch kein *Pünktchen*. Nichts. Die Flügeldecken waren makellos rot. Zum Glück waren auch keine Löcher von den Einstichen geblieben."

„Sachen gibt's", erwiderte ich und dachte, nun wäre ein geeigneter *Zeitpunkt,* um Reißaus zu nehmen, da plapperte sie schon wieder weiter und ich hatte keine Möglichkeit zu flüchten.

„Einmal hat mir sogar der Maler Pinselfein zwei wunderschöne *Punkte* auf den Rücken gemalt. ‚Natürlich kann ich das, ich bin doch Künstler', schwatzte er und pinselte mit lockerer Hand. Die *Punkte* waren glänzend schwarz und wohlgeformt, ich war richtig stolz darauf. Bis sich der Himmel verfinsterte und dicke, schwarze Wolken die Sonne verdeckten. Dann begann der Regen und ein dicker Tropfen platschte mir auf den Rücken und die *Punkte* sind in schwarzen Rinnsalen träge hinunter geflossen. Ich stellte mich also in den Regen und wartete, bis ich wieder rot glänzte."

Eigentlich war ich der Meinung, dass das Gespräch an einem *toten Punkt* angelangt war und ich ihr schon lange genug meine Ohren zum Ausheulen zur Verfügung stellte, aber gegen jede Vernunft sagte ich: „Rot ist doch eine schöne Farbe."

Aber auch damit konnte ich bei ihr nicht *punkten*.
„Du willst mich scheinbar nicht verstehen", tadelte sie mich. „Heute war ich bei Doktor Schnippschnapp, der ist Spezialist. Ein Spezialist – verstehst du?"
„Für was?", fragte ich und die Ahnungslosigkeit glich einem *dunklen Punkt* in meinem Kopf. Ich hoffte, dass sie nun endlich auf den *springenden Punkt* kam, damit ich auf und davon springen konnte.
„Für Schönheitsoperationen natürlich", entgegnete sie.
„Und der konnte dir auch nicht helfen?" Es war bereits *Punkt Zwölf* und mein Magen knurrte und ich hatte dieses *punktelose* Käferlos einfach satt.
Coccinella begann wieder zu heulen und zu schniefen und erklärte unter Tränen. „Er hat gesagt, das sei überhaupt kein Problem. Er hat ein scharfes Messer, mit dem schneidet er Kreise aus und dann werden noch schwarze

Implantate eingesetzt und *punktum* ist die Operation fertig. Die Wundheilung dauert dann ein bisschen länger. Außerdem sollte ich, weil ich schon da bin und die Eingriffe wirklich sehr schnell erledigt sind, mir doch noch die Falten glätten lassen und ein bisschen Fett absaugen kann nicht schaden und geht sehr rasch, da werden nur die Beine *punktiert* und schon fließt alles überschüssige Fett heraus. Er hat mir die Spritzen, Skalpelle und Apparate gezeigt und meine Knie sind ganz weich und nachgiebig geworden, mein Herz hat gepocht wie ein Presslufthammer und ich bin hinausgekrabbelt und ich will gar nicht mehr daran denken. Findest du auch, dass ich schon hässliche Falten habe?"
„Aber nein", beruhigte ich sie. „Ich habe dir doch schon gesagt, dass du ein sehr hübscher Käfer bist, auch ohne *Punkte* - und Falten sehe ich überhaupt keine." In den Falten liegt also der *Kernpunkt*, dachte ich mir.
„Meinst du wirklich?" Sie lächelte dünn und tupfte sich mit ihrem *gepunkteten* Taschentuch die rot geheulten Augen trocken. „Ich habe noch eine Verabredung, da muss ich *pünktlich* sein", sagte sie und dann flog sie auf und davon und ließ mich einfach stehen, ohne mir Lebewohl zu sagen.
Der einfühlsamen Cotta standen schon Tränen in den Augen, die sie tapfer hinunter schluckte. Sie blies ein wenig auf den Kienspan, der in der Ecke der Baumhöhle vor sich hin glimmte und dadurch erglühte und noch ein bisschen mehr Wärme spendete. Aber der vernünftige Terra sagte: „Und wo bleibt die *Pointe*? Das kann doch nicht alles gewesen sein." Umbra nahm noch einen kräftigen Schluck Honigwein, schob sich schnell eine Buchecker in die Backe und erzählte weiter.
Nein, nein! Eine Woche später traf ich sie wieder. Diesmal waren ihre Wangen gerötet. Ich wollte schnell weiter,

vor lauter Angst, dass sie wieder *ohne Punkt und Komma* faselt. Da stellte sie mir auch schon ihren Freund Conrad vor. „Weißt du, es macht mir jetzt nichts mehr aus, dass ich keine *Punkte* habe. Conrad hat genügend *Punkte* für uns beide und er ist bereit, sie mit mir zu teilen." Und wie zum Beweis legte Conrad seine mit *Punkten* übersäte Flügeldecke auf ihren Rücken, so dass es aussah, als hätte Coccinella selber welche und auf Coccinellas Wangen leuchteten zwei *purpurrote Punkte*.
Und ich kann endlich einen *Schlusspunkt* unter diese Geschichte setzen.

„Dieser *Punkt* geht an dich, Umbra", meinte Cotta. „Wie wäre es, wenn du morgen wieder zum Frühstück kommst und uns eine Geschichte erzählst?" schlug Terra vor. „Ja, das mach ich", sagte Umbra und eilte gesättigt und zufrieden aus dem Kobel, sprang übermütig hinunter und nach einer gekonnten *Punktlandung* huschte er der aufgehenden Sonne entgegen.

Fridolin – Winter auf der Wiese
Klara Alkin

Eine dicke Schneedecke hatte sich über die Wiese gelegt. Es war Dezember und seit Tagen hatte es nicht aufgehört zu schneien. So war alles Grün unter einem weißen Schleier verschwunden, der die Landschaft überzog und nur gelegentliche zarte Spuren von Vögeln oder Rehen, die von den Feldern bis zur Wiese vorgestoßen waren, bildeten kleine Unregelmäßigkeiten im sonst so unberührten Weiß.
Fridolin, der Zwerghamster, war seit Stunden im kalten Schnee unterwegs, auf der Suche nach kleinen Zweigen, die er als Brennholz verwenden wollte. In einem kleinen Bündel trug er seine bisherige Ausbeute am Rücken und seine Vorderpfote umschloss den Griff einer kleinen Laterne, die ihm im finsteren und grauen Kleid des Winters Licht und Wärme spendete.
Kurz bevor die Nacht gänzlich über das Land hereinbrach, kehrte der Zwerghamster in seinen unterirdischen Bau zurück. Ein schmaler Gang führte in die dunklen Tiefen der Erde und über ihn gelangte Fridolin in seine Wohnhöhle, die er bereits weihnachtlich geschmückt hatte.
In der Mitte hatte er eine Feuerstelle errichtet und der Rauch des Feuers konnte durch ein kleines Erdloch nach draußen dringen. Hinter der Feuerstelle war Fridolins Bett aus Stroh, auf dem er schlief und auch ansonsten viel Zeit verbrachte, um zu lesen, zu zeichnen oder zu basteln.
Die eintönigen braunen Höhlenwände hatte er mit Mistel- und Tannenzweigen verschönert und mit roten Beeren. Das Feuerholz sammelte der Hamster im vorderen Teil

der Höhle, wo es am kältesten war und er für diesen Platz ohnehin keine andere Verwendung hatte, und neben dem Brennholz hatte er seine gesammelten Vorräte aufgetürmt – Eicheln, Tannenzapfen, Getreide, essbare Wurzeln und Samen bildeten einen riesigen Haufen.

Fridolin genoss es sehr, dem Brausen des eisigen Windes draußen zuzuhören, während er selbst in seiner Höhle saß und sich am Feuer wärmte. Der Winter wirkte auf den kleinen Hamster irgendwie heimatlich und gemütlich und auch zurückgezogen, denn wenn draußen der Schnee über die Landschaft regierte, kehrte jedes Lebewesen in sein Zuhause zurück. Dann war die Wiese insektenleer und auch sonst kein Tier tummelte sich im Freien, abgesehen von ein paar Blaumeisen, die im Schnee nach Körnern pickten.

Ja, der Winter war ohne Zweifel die stillste aller Jahreszeiten und auch die einsamste.

Wenn Fridolin die Stille oder die Einsamkeit zu unerträglich wurden, lud er seine Freunde ein, um mit ihnen gemeinsam zu feiern, zu lachen oder Karten zu spielen. Zu seinem engsten Freundeskreis zählten Mimo, ein weiterer Zwerghamster, Moritz, ein Teddyhamster und Uwe, ein Albinohamster aus dem Norden des Landes.

Mit ihnen verbrachte Fridolin sehr viel Zeit und sie leisteten ihm an kalten und langen Wintertagen häufig Gesellschaft.

Die vier Freunde hatten sich auch für den Weihnachtsabend verabredet. Fridolin traf seit Wochen die nötigen Vorbereitungen für das Fest. Er war damit beschäftigt, Tannenzapfen, Eicheln und Nüsse zu rösten und am Weihnachtsmorgen selbst wollte er noch ein paar Kekse und Kuchen backen.

Moritz wollte außerdem noch Früchtetee mitbringen, Uwe verschiedene Dörrobstsorten und Mimo Rosinenbrot.

Dann würden die vier Hamster die Tafel decken und ihrer Lieblingsbeschäftigung nachgehen – dem Essen.
Letztes Jahr zu Weihnachten hatte Fridolin erst zwei Tage später wieder Hunger gehabt, weil er sich am Weihnachtsabend den Bauch mit allerlei Köstlichkeiten vollgeschlagen hatte.
Nach dem Essen würde er mit seinen Freunden Karten spielen oder Lieder singen. Vielleicht würden sie auch einen abendlichen Spaziergang im Schnee unternehmen oder sich gegenseitig weihnachtliche Geschichten vorlesen.
Wie auch immer, überlegte Fridolin. Noch stand das alles in den Sternen.
Der Hamster setzte sich auf sein Strohlager und betrachtete die tanzenden Flammen des Feuers. Ja, auch dieses Jahr würde es wieder ein schönes Fest werden, dachte er voller Vorfreude und schloss seine großen Augen, während angenehme Wärme sein Fell umhüllte.

Die Autoren

Roselinde Dombach

Roselinde Dombach stammt aus Sachsen-Anhalt., lebt aber seit einigen Jahren mit der jüngeren ihrer beiden Töchter (20 und 18) und Kassel/Hessen. Hier arbeitet sie als Angestellte im öffentlichen Dienst.
Schreiben, Malen und Zeichnen sind ihre liebsten Freizeitbeschäftigungen.
Bisher wurden von ihr einige Kurzgeschichten in Anthologien veröffentlicht, und sie gestaltete Cover und Illustrationen für etliche Bücher.

lyrotar@arcor.de

Frau Roselinde Dombach ist die Herausgeberin
der drei Bände
„Geschichten von der Märchenwiese"

Astrid Pfister

wurde am 23.Juni 1980 in Westerholt geboren
und lebt zurzeit in Herne
Mit dem Schreiben fing sie erst vor ca. fünf Jahren an.
Bislang wurden über fünfzig ihrer Kurzgeschichten in
Anthologien und Heftromanen veröffentlicht, u.a bei
Bastei, Eloy Edition und Lerato.
Weitere vierzig Geschichten werden in diesem und im
nächsten Jahr erscheinen.
Im Dezember 2007 erschien im Verlag Harry Produktion
ihr erster Kurzgeschichten Band. Er trägt den Titel
„Nächte der Angst" und enthält 16 Horror
Kurzgeschichten.
Nebenbei gibt sie seit dem Jahr 2006 gemeinsam mit
dem Autor Bernd Rothe die Buch Reihe
„Welt der Geschichten" und die Heftromanreihe
„Pulp Magazine" bei dem Verlag Harry
Produktion heraus.
Mehr über Astrid Pfister kann man auf ihrer Website
http://www.repage6.de/member/astridpfister
erfahren.

Vera Klee

wurde 1964 in Aachen geboren und wuchs dort auf. Seit
1992 lebt sie in den Niederlanden. Sie schreibt
besonders gerne Geschichten für Kinder und alle, die es
gerne noch einmal wären. Außerdem veröffentlicht sie
mystische Kurzgeschichten, Satire und noch vieles mehr.
Mehr Informationen findet man auf ihrer Homepage:

www.VeraKlee.de
Uschi Hahn

wurde 1952 geboren. Die verheiratete Hausfrau lebt seit 1971 in Berlin und schreibt schon seit vielen Jahren. Sie hat bereits ein Kinderbuch und zahlreiche Kurzgeschichten veröffentlicht. Jetzt kam ein neues Genre, Märchen und Geschichten Krimi und Thriller dazu.

1 HP: http://uschi-hahn.de

Märchen und Geschichten

Saskia V. Burmeister

Jahrgang 1986, kämpft seit der Grundschule gegen Windmühlen an. Denn wesentlich schwerer als das Schreiben ist die Veröffentlichung – von der Lesersuche ganz zu schweigen. Doch ist es ihr bereits gelungen, einige Fantasy-, SciFi- und Abenteuer-Romane zu veröffentlichen. Informationen hierzu finden Sie auf:

www.saskia-v-burmeister.de

Pia Bächtold

wurde 1961 in Erlangen/Franken geboren.
Sie ist diplomierte Tierheilpraktikerin.
In ihrer Freizeit ist sie Autorin und Verlegerin.
Zu ihren Veröffentlichungen gehören drei eigene Bücher, Mehrere Beiträge in Anthologien und Zeitschriften.

www.verlagpb.de
Birgit Kleimaier

wurde am 2.8.1981 geboren. Nach dem Abitur begann sie 2001 ihr Studium der Mittelalterlichen Geschichte, Komparatistik und klass. Archäologie in Tübingen. Ende 2006 fing sie mit dem Schreiben an und konnte seither bereits einige Gedichte und Kurzgeschichten verschiedener Genres veröffentlichen.

Ina May

Geboren 1972; Fremdsprachen-Handelskorrespondentin, Autorin.

Veröffentlicht:
Boy Zone-Abenteuer; Langenscheidt
Muriel Paradiso Geschichten; Prime Time
Mobilebooks; Blackbetty
IsarKiesel; Krimi
Sterbensgemeiner Tod; Historienkrimi
Luisa – Liebenswerter Wahnsinn; Unterhaltung
Mitglied: Chiemgau-Autorinnen, Mörderische Schwester

Sarah Stöbe

Sarah Stöbe wurde am 07.04.1990 geboren und lebt seitdem mit ihrer Familie in Jena (Thüringen). Dort besucht absolviert sie derzeit das Abitur.
Bereits seit der Grundschule schreibt sie Kurzgeschichten, Romane und Gedichte und liest sehr

gerne. Dabei hat sie sich besonders auf Fantasy und Historisches spezialisiert.

Backus, Thomas

wurde 1969 in Biedenkopf geboren, lebt jetzt aber mit einer Märchenwiese vor dem Haus in einem idyllischen Dorf bei Marburg.
Er bezeichnet sich selbst als notorischen Hundeknuddler und arbeitet (wenn er gerade keine Hunde knuddelt) als Freier Journalist und schreibt jede Menge humorvolle Märchen und Kindergeschichten.

Aktuelle Informationen: http://backus.blogg.de

Klara Alkin

Ich wurde am 23. Mai 1989 in Linz geboren. Seit meiner Kindheit schreibe ich, richtig intensiv jedoch erst seit ein paar Jahren. Die Entwicklung eigenständiger Welten ist in dieser Zeit zu meinem größten Hobby geworden. Beim Schreiben kann ich dieses ausleben und verwirklichen. Zurzeit arbeite ich an einer Fantasy-Triologie. Nebenbei schreibe ich Kurzgeschichten und Gedichte.

E-Mail: lara.alkin@gmx.at